THE 4 DISCIPLINES OF EXECUTION

ACHIEVING YOUR WILDLY IMPORTANT

GOALS

高效能人士的执行4原则

【美】克里斯·麦克切斯尼 Chris McChesney

肖恩·柯维 Sean Covey

吉姆·霍林 Jim Huling

《华尔街日报》畅销书商业类第1名

史蒂芬·柯维博士推荐

中国青年出版社 CHINA YOUTH PRESS

中青文传媒

图书在版编目（CIP）数据

高效能人士的执行4原则 /（美）麦克切斯尼，（美）柯维，（美）霍林著；
张尧然，杨颖玥译．—北京：中国青年出版社，2013.2
书名原文：The 4 Disciplines of Execution
ISBN 978-7-5153-1372-6
Ⅰ.①高… Ⅱ.①麦… ②柯… ③霍… ④张… ⑤杨…
Ⅲ.①企业管理—组织管理学 Ⅳ.① F272.9
中国版本图书馆 CIP 数据核字（2012）第 302781 号

高效能人士的执行4原则

作　　者：[美] 克里斯・麦克切斯尼
　　　　　肖恩・柯维　吉姆・霍林
译　　者：张尧然　杨颖玥
责任编辑：周　红
美术编辑：张　建　夏　蕊
出　　版：中国青年出版社
发　　行：北京中青文文化传媒有限公司
电　　话：010-65511270/65516873
公司网址：www.cyb.com.cn
购书网址：zqwts.tmall.com
印　　刷：大厂回族自治县益利印刷有限公司
版　　次：2013年2月第1版
印　　次：2020年12月第28次印刷
开　　本：787×1092　1/16
字　　数：220千字
印　　张：16
京权图字：01-2012-2015
书　　号：ISBN 978-7-5153-1372-6
定　　价：59.00元

好评如潮

有别于工业时代领导发号施令、控制下属的管理方式，《高效能人士的执行4原则》为我们提供了一种知识经济时代执行战略、完成目标的聪明方法。这种方法可以让团队成员齐心协力、全心全意围绕一个共同的目标而奋斗，的确是一本了不起的著作！

——史蒂芬·柯维，《纽约时报》畅销书第1名
《高效能人士的七个习惯》作者

六西格玛方法和精简生产都是应用于生产的，而高效执行4原则是用来执行你的战略计划的，它们可以解决每一个领导面临的首要问题——执行。

——拉姆·查兰，畅销书
《执行：如何完成任务的学问》作者之一

万豪酒店的安身立命之本是："关心自己的员工，员工才会关心你的客人。"《高效能人士的执行4原则》为我们提供了另一个有力工具，使我们能够充分聚焦在最重要的工作——"客户体验"上。我非常乐意将这本书推荐给任何想要创造突破性成就的人。

——戴维·格里森，万豪国际酒店美国区总裁

实施《高效能人士的执行4原则》中的方法之后，乔治亚州的工作取得了空前的成功。我们各个部门经过切身践行，在公共服务、质量提升和节约开支方面都取得了巨大的成功，充分证明了这些原则的有效性。任何一家想要达到世界一流水平的政府机构都有必要学习这些原则。

——桑尼·普度，美国乔治亚州前州长（2003-2011年在任）

《高效能人士的执行4原则》关于确定目标和激发团队共鸣的做法对我们公司的各级工作都有很强的指导意义，很多工作团队都运用这套创新理论激发员工的工作热情，提高了大家的执行力和责任感。

——戴夫·狄龙，美国零售商巨头克罗格公司董事长兼首席执行官

我们相信《高效能人士的执行4原则》是走向发展与成功的秘诀。多年以来，我们一直纠结于如何聚焦公司员工的精力。我们先后使用过优先级表格、标准化工作评价体系以及其他很多方法，但最终还是爱上了本书关于“日常事务”和“最重要目标”的理论体系。读过这本书之后，你将对工作乃至人生产生新的体会！

——丹尼·魏格曼，《财富》“最佳雇主100强”魏格曼公司总裁

你的战略没有问题，但是执行力有问题！《高效能人士的执行4原则》将告诉你关于如何实现最重要战略目标的每一个细节。这个简单有效的模型好学易懂，效果非凡。我将之应用于个人生活、家庭和公司事务中，都取得了极佳的效果！

——肯尼斯·切诺尔特，美国运通公司董事长兼首席执行官

我曾见过很多伟大的创意由于执行不力而失败。这本书的作者提出了一个可以实际操作的指南，能够帮助我们战胜困难取得胜利。在阅读本书的时候，我反复思考，很遗憾没有在十年前得到这么好的指导。

——特里·斯科特，美国海军十大首席士官之一

世界上最困难的事情之一，就是找到一些简单又有效的方法，使每一个员工都能借此帮助公司实现最重要的目标，高效执行4原则就提供了这样一个简单通用的方法。

——罗布·马基，贝恩咨询公司合伙人，《终极问题2.0》作者

这本书中包含的方法和操作过程，对我们的公司非常有用。它使我们能够将最重要的目标贯穿于团队所有成员的理想和信念，最终激发了员工的参与激情，提升了客户服务，加速了项目进度。以我们对员工们的持续调研来看，这个过程对于我们实现公司的整体目标非常关键。

——安德鲁·霍可利，爱普森公司董事长

可以用两个词来形容这本书：简约，天才！如果你想成功实现战略规划，使用书中的方法和过程就必然给你带来好处——将一个人的努力聚焦在关键行为上总能成功。另外，持续的问责机制可以极大地激发参与人员的热情。

——华尔特·李维，安治化工有限公司联席总裁兼联席首席执行官

“最重要目标”、“引领性指标”、“激励性记分表”、“规律性问责”……《高效能人士的执行4原则》准确传达出了每一个组织和每一位领导所需要的口号，同时提出了行为指导，这些原则可以帮助任何一个领导者把战略目标执行到完美状态。对于任何领导或组织来说，这本书都是最好的礼物。

——福朗斯·赫思本，福朗斯·赫思本领导力研究院董事长兼首席执行官，美国重要领导力培养机构德鲁克基金会创始人

绝佳之作！这本书中的原则可以极大地提升任何组织的实际执行能力。

——罗格·摩根，零售产品集团董事长兼首席执行官

对于一个组织来说，《高效能人士的执行4原则》是非常出色的实践指南，它提供了适用于任何级别组织的简便易行的方法。尽管“未卜先知”这个词已经被用滥了，而且在实际行为中不可能做到，但是4原则的确给我们创造出了一个光明的前景。

——马特·欧德罗伊德，帕特司马斯特公司董事长兼首席执行官

每个人都带着无限潜能来到这个世界，都可以做出奇迹，这世上没有什么比出色完成对自己最重要的事情更令人兴奋了。在《高效能人士的执行4原则》当中，作者为我们呈现了人类达成目标的关键原则和过程方法。

——穆罕默德·尤努斯，2006年诺贝尔和平奖得主

在35年的管理教育经历中，随着肩负的管理责任越来越重，我越来越深刻地认识到，任何大学教授领导力时的最大挑战都是如何执行。尽管《高效能人士的执行4原则》开始于理论，但此书对于教育界管理者的最大贡献还是它深刻聚焦于执行过程的本质。因此，这本书值得每位大学校长怀着对学校建设发展负责的态度来阅读学习。

——安吉洛·阿门提博士，加利福尼亚大学校长

军队领导人知道，人才是达成组织目标的中心和关键因素。《高效能人士的执行4原则》价值在于它将每个独立的人有机组织起来，共同去完成集体的目标。其中每一个人都有自己清晰的角色，人们将就他扮演这个角色的好坏给予评价，当他取得成就的时候，也会得到人们的恭喜祝贺。不论是海军派遣战斗机，还是极大地改善公共教育系统质量，聚焦主要精力于最重要目标都是取得成功的关键。

——约翰·斯坎兰，
前美国海军首席财务执行官，克利夫兰市学区

《高效能人士的执行4原则》实现了领导力从制定战略到具体执行的重大突破，它可以帮助每一个人取得成功。最重要的是，员工们将会全身心投入到工作中去。他们可以清醒地认识并体验到他们的努力在推动公司战略发展中的地位及效果，他们的工作将变得更有意义。任何使用了本书的团队，都将为他们取得的成就而感到骄傲。

——汤姆·哈佛德，惠而浦公司总经理

作为一个多年致力于实现伟大、成就组织的人，我强烈推荐《高效能人士的执行4原则》！这真的是一本让团队达成心中目标的理想指南，值得每一个想要取得伟大成就的领导一读。

——安·罗德斯，印客人才咨询公司董事长，
曾任美国捷蓝航空公司执行副总裁，美国西南航空公司人力资源部经理，
《建立在价值的基础上》作者

《高效能人士的执行4原则》不仅为我们提供了一个有关策略和执行的清晰描述，同时也教给了我们关于如何提高成功率的方法。这些方法能够保证我们把视线从日常事务中解脱出来，聚焦于最重要目标，简单的记分表也给我们提供了重要而及时的反馈信息。更重要的是，作者为我们提供了大量实例、建议和解决方法。

——乔尔·彼得森，捷蓝航空董事长，斯坦福大学商学院管理学
客座教授，彼得森研究院合伙创始人

《高效能人士的执行4原则》可以让每一个一线员工在执行所在组织最重要目标的行动中全身心投入。作为一个公共部门的领导，每当我手头的可利用资源不足，或者人力服务需求增加时，我的第一反应就是将此书反复阅读，并从中寻求解决之道。

——B.J.沃克，美国乔治亚州前民政部门负责人

我第一次接触到高效执行4原则是在一次一线经理人大会上，这些经理们分别汇报了自己半年的工作成果，满屋子都是成功人士！在全公司采用了高效执行4原则之后，我们的员工即使在裁员时期也保持了对团队工作的高度投入，最终使得我们能够顺利达成商业拓展的目标。

——阿列克斯·阿扎尔，美国礼来有限责任公司董事长

《高效能人士的执行4原则》中的原则基于这样一个系统：它大量简化执行日常事务

的复杂程度，从而使我们的事业得到可持续发展。感谢你们，富兰克林柯维公司的朋友们，是你们破解了执行力的密码！

——胡安·伯尼发斯，危地马拉英特热集团首席执行官

对于一个领导来说，时刻保持对执行力的关注是最重要的工作之一，这本书为那些希望集中精力于自己最重要目标的领导们提供了一个指南。无论是在欧洲或者其他任何地方，这本书都值得人们花时间读上一读，读者们也将从中受益匪浅。

——萨那·里德伯，德国林德集团AGA天然气公司
北欧地区医疗主管

鉴定一个商业理念有效性和价值的最好方法就是将之运用于实际之中，然后观察结果。我们有幸在布莱德科斯银行使用了《高效能人士的执行4原则》作为达成公司战略目标的方法，取得的经验使我们坚信：只要坚持采用书中方法并将之运用成熟，付出努力之后就必然能取得令人满意的结果——关键就在于要在过程中坚持这些原则。

——米格尔·莫雷诺，拉丁美洲对外贸易银行执行副董事长

在运用了高效执行4原则七个月之后，我所在的大区取得了以下成果：开支节约幅度从5.9%提升到26.1%，利润从3.7%提高到43.3%。最重要的是，员工们的工作参与感和忠诚度也大幅提升。

——普·博客莫斯，万事达公司丹麦区经理

对我们来说，使用高效执行4原则的最大好处在于，它确实能帮助我们实现目标。书中的方法是非常出色的管理工具，它使得我们的7168名员工能够为了集体目标密切协作，每一个人都知道自己在公司中扮演的角色。我们还从中得到了其他一些额外的好处，比如经验交流的增加、团队凝聚力的提升，还有在不同领域展开的良性竞争循环，都为我们的公司创造了巨大的效益。

——里卡多·费南迪斯，危地马拉BI公司运营总监

所有的领导都应该读一读《高效能人士的执行4原则》来帮助自己不断取得突破。在当前快节奏的全球化市场环境下，高效执行4原则的操作过程非常有竞争力。

——朱利奥·扎佛瑞，企顾司集团意大利
斯班企业顾问公司高级管理顾问

在我们公司实施《高效能人士的执行4原则》中的方法之后，公司的协同文化得到了进一步的弘扬，现在公司的每一位员工都知道公司事务的优先程度，并在实际行动中加以落实。如今，我们对各个小团队的期望更加明确，公司上下的共同语言越来越多，员工们的努力贡献转化为公司的价值并得到了反馈，这使得他们更加投入其中。这套方法不只让我们在实现最重要目标的过程中有大量的拥护者，也深刻改变了我们的管理方式，比如我们现在会在开会时讨论如何更好地聚焦目标，哪些才是更加重要的事情，等等。鉴于此，我强烈推荐将《高效能人士的执行4原则》作为有效执行既定战略的领导力教程。

——路易斯·费尔南多·雷斯吉兰，危地马拉太古公司首席执行官

除了理论之外，《高效能人士的执行4原则》提供的方法是执行战略的实用指南，它使我们的组织集中精力于对于实现目标来说真正重要的事情。在我们的业务遍布全球之际，这本书为组织的领导层在执行战略策划时避开最常见陷阱奠定了基础。

——彼得罗·洛瑞博士，乔治·菲舍尔管道系统

高效执行4原则在普罗格雷索集团的实施已经成为公司每一个人的宝贵经历。在这段时间里，董事会和高管层得以真正确定哪些是公司的最重要目标，与此同时，明确了不同业务部门的职责，确保每个人都知道自己应该做什么。更重要的是，日复一日地切实完成了对实现公司战略目标真正有益的事情。对于我个人来说，这本书改变了我之前奔向人生目标的方法。现在，不论参加什么活动，我都强烈推荐或者直接将本书的理念运用到制定目标和接下来的所有过程中。

——何塞·米格尔·托若拜特，危地马拉普罗格雷索集团总裁

在过去负责运营的20年里，我一直将如何命令下属执行我们的核心运营路线设为优先事务。在高效执行4原则的帮助下，我们有效地将执行这些路径制度化，同时使我们的最重要目标更加透明清晰。这三个目标被遍布墨西哥的212家超市所分享。这些努力提高了团队协作和服务质量，最终提高了所有员工的工作质量。

——瓜达卢佩·莫拉莱斯，墨西哥及中美洲超市运营副总裁

在充满挑战和多变的商务环境中，高效执行4原则为我们提供了一种全新的管理方法，即通过区分优先级、明确奋斗目标和全体员工的紧密合作来提高整体的工作效率。

——延斯·埃里克·彼得森，丹麦东能源公司高级副总裁

目录
CONTENTS

第三部分

在组织中运用高效执行4原则

前　言

《高效能人士的执行4原则》不只为我们提供了组织进行战略转变的理论。作者在解释了做什么之后，还详细介绍了怎么做。他们与我们分享了大量的公司实例，这本书非常值得每一位管理者认真阅读！

——克莱顿·克里斯坦森，哈佛商学院教授，著有《创新者的窘境》

英特尔公司的创始人之一，领导英特尔发展壮大的前首席执行官和董事长，安迪·格鲁夫曾经给我上了人生的重要一课。

有一次，他要听几位下属关于赛扬处理器市场推广的工作汇报，我当时作为咨询顾问参加了会议。中端理论当时已经成为英特尔的一个重大威胁，AMD和赛瑞克斯公司已经在低端微处理器市场抢占了大量的市场份额，越来越多的公司开始在入门级电脑上使用这两家公司的产品代替英特尔芯片。与此同时，这两家公司还在不断向中端市场进军，英特尔到了必须采取对策的时候。

会议中途休息的时候，格鲁夫问我："你觉得我们应该怎么办？"

我认真地回答说，你们需要成立一个新的业务部门，这个部门可以有自己单独的财务系统和销售目标。

格鲁夫却用他一贯的生硬语气说："您真是个天真的学者！我问你怎么做，你却告诉我应该做什么。"他接着说："我知道自己应该做什么，只是不知道如何才能做好。"

我当时窘得恨不得找个地缝钻进去，格鲁夫说得对，我只是个天真的学者，刚才的回答只能证明我不清楚"做什么"和"怎么做"的区别。

当我回到哈佛之后，我曾想要改变自己的研究方向，去发展一套"怎么做"的理论体系，但后来还是放弃了，因为我确实不知道自己怎样才能创新出这么一套理论来。

我的研究重点仍一如既往地集中在商业中需要"做什么"上，我们不妨称之为"战略"。这方面的相关研究已经多如牛毛了，大部分战略研究者、顾问或者作者们提供给我们的都是静态的战略规划，比如技术、公司或者市场的现状。这些画面描述了那些成功的公司在某个特定时间点的特点和做法，或是他们的优秀管理人员当时的行为。他们宣称，如果想要做得和那些最好的公司一样的话，你就应该学习他们的优秀做法。

毫不夸张地说，只要是静下心来阅读、体会、理解我们关于战略、创新和成长方面研究成果的经理人，大都从中获得了莫大的帮助，在事业上也大都取得了更加辉煌的成就。

然而，在我们之前的研究中，还没来得及给大家详细论述的一点是：在时机发生改变的时候，要想管理好一家公司，应该“怎么做”。那么，本书就对此做出了解答。

这不是那种拼凑一些成功公司的经典案例的书，它的内容真正蕴涵了如何有效提高执行力的真知灼见。这也是我之所以为此书感到振奋的原因。可以这样说，作者呈现给我们的不是一幅幅“快照”而是连续的“电影”，我们可以反复播放并加以学习。每个领导者都可以把自己的团队置入其中加以效仿，这样，你就可以在实施自己的战略规划之前看到光明的前景。本书源于作者长期以来对多家公司在战略转变时期的行为研究，包括很多商场、酒店，甚至政府部门。

我希望所有读者都能和我一样从本书中获益匪浅。

克莱顿·克里斯坦森

于哈佛商学院

战略与执行

在努力的过程中，一个领导者可以从两个最重要的方面影响结果：一是具体的战略规划，二是战略的执行能力。

现在请你先停下来问自己第一个问题：

上述的两个方面，哪一个更难？是制定一项战略规划难，还是执行好一项战略难？

全世界每一个受访的领导者都会无比肯定地回答说："执行更难！"

现在，你可以问自己第二个问题：

如果你曾经进修过MBA或者其他商业课程，你从中学到的哪一样更多，战略还是执行？

当我们向受访者提问时，他们的回答也是异口同声，不过，这一次他们的回答是："战略！"这也许并不奇怪，领导们感到最棘手的领域，恰恰是他们学得最少的方面。

在接触了全世界各行各业，包括学校和政府机构数以千计的领导者之后，我们发现：一旦决定了做一件事，摆在你面前最大的挑战就是——如何组织下属们一起把这件事做得像预期的那么好。

为什么执行如此困难呢？说到底，只要战略规划是清晰的，并且作为领导你也承担起了引导它的责任，那么团队的员工们就会自然而然积极为之努力吗？答案是否定的，相信你在实际经验中也曾多次遇到这样的情况。

你现在读的这本书，包含了我们最重要的研究成果和可行方案。通过它，你将会学到一整套行之有效的原则，这些原则已经被数以千计的领导者和数十万的一线员工所实践，并取得了震撼人心的成就。

致读者的一封信

当看到日程表上今天有三个小时的会议时，我有点犹豫要不要参加。作为礼来制药公司以及美国分公司新上任的副总裁，我都快要被文山会海淹没了，但由于是我的一个领导主持会议，我最终还是决定参加。

我很庆幸做出了正确的决定，因为会议一开始，我就发现了不一样的新东西。我注意到一个团队在讲述自己的成功经验时，特别提到，他们采用了一套新的执行方法——**“高效执行4原则”**。他们不但完成了预定的工作目标，连言行举止间也完全是一副成功人士的派头。作为一个领导，我也想要这样的效果，但更重要的是，我想让公司里所有人都能够拥有这种意气飞扬的精神状态。

我们首先将高效执行4原则引入到了医疗业务中，旨在达成两个目标：大幅提高客户使用我们产品的比例，同时还要提高利润率。与此同时，整个礼来公司都在寻求一种更为高效的执行方式。我们没有编造复杂深奥的道理来增加员工的工作热情，而最终，两个目标都超额完成，这还不是最振奋人心的结果。

最重要的是，我们的团队文化和凝聚力得到了提升。在公司对员工提出更多要求的同时，他们自身的价值也得到了更多的认可。最终的结果就是，我们员工的工作效率和业绩都得到了飞跃式发展。

我至今还经常回顾参加那次会议的经历，更重要的，是这段不仅创造辉煌业绩，更创造伟大企业文化的光辉历程。对于我个人来说，这是一次关键决定，从此永久性改变了我的领导方式。

阿列克斯·阿扎尔

美国礼来有限责任公司董事长

是什么导致执行不力

沃克面临着有史以来来自员工的最大挑战。作为2004年新上任的美国乔治亚州民政部门负责人，她发现自己手下的两万多下属士气非常低落。在过去的五年里，由于政府负责的儿童事务事故频发，甚至出现了伤亡事故，这个岗位已经换了六任长官，而且仍然处于媒体关注的焦点位置。几个月以来，沃克的下属们战战兢兢，唯恐犯一丁点错误，这使他们本来就糟糕的工作效率雪上加霜，也导致了更多的工作积压。沃克需要设法给她的团队指引方向，不然，离她的任期结束也就为期不远了。

令人喜出望外的是，不到一年半的时间里，沃克和她的团队就把儿童因照顾不周发生的事故降低了60%以上。

· · ·

在马里兰州的一家万豪酒店想要提升用户口碑，这关系到该公司领导团队的能力水平。总经理布莱恩·希尔格和他的团队以及酒店股东们付出了艰辛的努力——投资2000万美元对客房和大堂进行精装修，更新改造餐厅，以期得到客人们更高的评价。结果却出乎意料——尽管装修得金碧辉煌，客人们的评价却依然没有达到期望值。

一年之后，布莱恩·希尔格和他的团队终于骄傲地迎来了酒店成立30年来创纪录的客人满意度打分。用布莱恩·希尔格的话来说，以前每到周五统计客人满意度的时候，就提心吊胆，但是现在，每个周五的早上都觉得信心百倍。

· · ·

这些来自礼来制药公司、乔治亚州民政部门和万豪酒店的故事听起来风马牛不相及，但是对于他们的领导者来说，面临的问题却有很多相似之处，而解决之道亦然。

他们面临的共同挑战是什么呢？执行一项策略需要极大地改变人的行为习惯——很多人甚至整个团队成员的行为习惯。

他们共同的解决之道是什么呢？就是**切实采用高效执行4原则**！

不管有没有意识到，所有的领导者都在和这个问题作斗争。不论你领导的是一家大公司还是一个小团队，是自己的家庭还是工厂，只要你领导的人们不改变自己的行为习惯，就难以取得振奋人心的结果。因为，想要取得成功的话，你需要的不是他们的顺从，而是他们全力以赴的激情。正如每位领导者都知道的，想要让下属们在日复一日的琐碎工作中坚持下去并尽职尽责，并非易事。

在撰写本书之前，我们完成了1500多个高效执行4原则的真实实验。为什么要这么做呢？因为我们希望能够不断测试并完善它，使之能够解决真实世界中数以万计的挑战，比如像阿列克斯·阿扎尔、沃克、布莱恩·希尔格他们面临的那些状况。

如果你正在执行一项需要其他人不断改变行为习惯才能成功的战略，那么，你的领导能力经受的考验，将是有生以来乃至今后面临的最大挑战之一。采用高效执行4原则，你并非在试验一个有趣的理论，而是在实施一整套已经被多次实践证明，可以成功应对这个挑战的方案。

仅仅发号施令并不管用

不论你称呼它为一项战略，还是一个目标，抑或是改进的方向，作为一个领导者，在推动团队或组织做每一件事的时候，你的策略都可以归结为两大类：第一类是发号施令，第二类则需要改变他人的行为习惯。

这件事可能是一项重大投资，一项薪酬制度的改革，人员角色和责任的重新定位，增加机构，或者是开展一项新的促销活动。具体施行这些策略都需要先进行计划和商讨，还要具备足够的勇气、智慧和资金，然后才能真正开始执行。

在发号施令的方法中，你需要做的只是如何安排、指挥下属去做事情。简单来说，只要有足够的资金和权威，你就可以这么做。

改变行为习惯的方法则有很大不同。你不可能只通过命令就能完成这些工作，因为它们需要很多人参与进来做不同的事情。如果你曾经尝试过改变他人的行为习惯，就会知道这有多难了。一个人要改变自己的行为习惯就够难的了，更何况要去改变其他很多人！

举例来说，你可能会要求商场的所有雇员在顾客进门的30秒内示以欢迎，或者让全部销售人员开始使用新的客户管理系统，亦或者让产品研发队伍和市场营销队伍进行紧密合作。如果你是像阿列克斯·阿扎尔或者沃克那样的大领导，就可能需要改变几十年来根深蒂固的行为习惯。这件事显然不好办！

发号施令	改变行为习惯
重大投资	改善用户体验
增加雇员	提高服务质量
改革工艺	加快反应速度
战略收购	持续性运作
广告投放	咨询式的销售方法
改变产品结构	减少预算超支

需要发号施令和改变行为习惯的不同事例

然而单纯靠发号施令就能做好的事情并不多。很多时候命令一发布，随之而来的就需要改变人们的行为习惯。

我们的搭档吉姆·斯图尔特将这种挑战总结为："为了达到一个前所未有的目标，你必须开始做之前从未涉足的事情。"这可能是一种新的销售手段，一些旨在改善患者舒适程度的努力，更好的项目管理方法，或者是坚持一种新的生产流程。只要是需要人们去做一些之前没有做过的事情，你就得使用改变行为习惯的策略。当然，这并不容易。

贝恩咨询公司，一家跨国管理咨询公司，在一项关于组织变革的核心研究报告中说道：**"大约65%的行动方案，需要一线员工行为习惯的积极改变，但这也是很多经理们在考虑制订计划时最容易忽略的地方。"**

尽管这个问题如此重要，然而领导们却很少意识到这一点，你几乎不会听到哪个领导说"我希望在驱动员工做事情时能更加游刃有余"。相反，我们经常听到的是类似这样的话："我真受不了这几个家伙了！简直想换人！"

一个领导把问题归咎于下属似乎也很自然，毕竟是他们没有完成我们想要完成的工作。但是如果你真这么想，你就错了！问题不在他们。

质量管理大师爱德华兹·戴明曾这样说："不论何时，在大多数时间按照某种特定方式做事的大多数人并非问题的关键所在，关键在于根深蒂固的体制问题。"作为一个领导者，你有义务为这个体制负责。哪怕真的有些棘手员工会影响工作，但如果你只是把问题归咎于这些人的话，就会发现更多这样的人。

在几年前开始研究执行力的时候，我们首先希望搞懂的是：究竟是什么导致了低效的执行？我们对全球几百家公司和政府部门的员工进行了调查，在这个阶段，我们发现这个问题几乎无处不在。

一个导致执行不力的重要原因是目标不明确，很多员工根本不明白领导到底希望自己去做什么。事实上，通过最初的调查，我们发现，大约只有七分之一的员工能说出一个以上本部门最重要的发展目标。对于自己的领导最重视的三个目标,15%的人表示一个都不知道。剩下的85%也好不到哪里去，他们凭个人感觉想当然地说出一个目标，而这往往又和领导心中的目标相去甚远。具体来说，距离部门领导层级越远的底层员工，对部门目标的认识越不清晰，而这还只是问题的冰山一角。

对集体目标缺乏热情是另一个大问题。即使是知道部门发展目标的那些人，往往也没有坚定地去努力实现它的责任感，只有51%的人表示他们对实现团队的发展目标充满激情，剩下的几乎一半人则是完全随性做事情。

明确责任一直都是个问题。实际调查结果则更令人大跌眼镜，高达81%的受访者表示，自己并不需要为所在部门能否按时达成目标承担责任。部分原因在于，这些目标并没有被分解为具体的行动。87%的人都不清楚要达成目标，自己需要做些什么。在这样的情况下，执行力低下也就在所难免了。

总的来说，这些员工们不清楚自己所在的部门有哪些目标，对此也没有什么责任心，不知道围绕这些目标自己该做些什么，也不需要对此负责。

以上仅仅是对执行力低下最直观的解释，在更深的层次上，还和缺乏信任、报酬机制不合理、发展规划和决策失误有关。

我们的第一直觉就是想说："把每一件事都固定下来！然后你就能去执行自己的发展战略。"然而这和建议他们去蒸干大海中的水一样无法实现。

在继续深入讨论之前，我们先提出一个导致执行力低下的更为基础的原因。上文中我们提到的所有问题，目标不清晰，缺乏激情，缺乏合作，责任不明确，都会加剧高效执行发展战略的难度。但实际上，它们扰乱了我们的视线，使我们偏离了更深刻的问题。大家都听说过这样一句话"远在天边，近在眼前"，在我们这个问题上也非常适用。就像骑驴找驴一样，我们最终会发现有关执行力的最根本问题其实近在眼前。之所以我们没有发现，只是因为它无处不在，结果在眼皮底下被忽略了。

真正的敌人——日常事务

执行力的真正敌人是你的日常事务！

仅仅是那些维持你的管理工作持续正常进行的事情，就需要耗费你大量的精力。讽刺的是，也正是这些事情，使你想去执行任何新事情都变得困难重重，它们使你无法聚精会神地去推动团队前进。

领导们很少去分辨清楚哪些事情是日常事务，哪些事情是战略目标。因为对于一个组织来说，这两者都有存在的意义。然而，它们的区别也很明显，更重要的是，它们会不停地竞争时间、能源、关注度和其他一切资源。我们也无法告诉你，到最后这两者谁一定能胜出。

日常事务通常都很紧急，它们每一天每一秒都在不断催促着你和那些为你工作的人。你制定的发展目标的确很重要，但是一旦紧急和重要的事情发生冲突，前者往往就会取胜。一旦开始关注这种冲突，你就会发现，对于任何想要去推行新战略的团队来说，这种冲突无处不在。

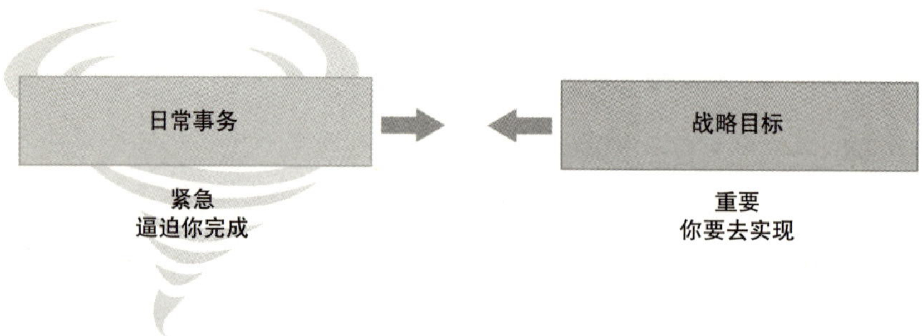

重要的目标需要你做一些全新的事情，这些新事务往往会和原有的日常事务发生冲突，由此产生的紧急事务可能会消耗你大量的时间和精力。

请你回顾一下自己的经历，想一想是否也曾有过重大的创意，开局顺利最后却没有了下文？这些事情是怎样中止的呢？是被偶然的重大突发事件打断了，还是湮没在日常事务里，最后悄无声息地无疾而终了呢？在我们调查的几千个领导中，他们的答案都是："无疾而终！"这就像你在箱底发现了一件已经褪色的T恤衫一样，会惊讶地叫道："天呐！这到底是怎么回事！"这件衣服你可能从未上身，而它已经不能穿了。

战胜日常事务阻扰，达到高效执行力，不仅要克服它们导致的分神，还要摆脱"一直都是这样做的"的惯性思维。我们并不是说日常事务是坏事，它们是维持组织正常运转的必要行为，是不能搁置不管的。如果忽略了紧急的事情，你的组织今天就可能会垮掉，但是如果忽略了最重要的事情，你的组织就会在明天垮掉。换言之，如果你和你的团队只是简单地专注于日常事务，你们就无法取得新的进展，因为所有精力都被用于打理好这些琐碎的日常事务了。

挑战就在于此，如何在日常事务的包围下去执行你们最重要的战略计划。

不同的领导者对于日常事务有不同的体验，一家全球顶尖的家具装饰零售商高级主管就表示："天底下没有什么大事件来考验我们，但是有很多琐碎的小事情像苍蝇一样嗡嗡不停。每一天，我们的视线里都充满了这样的琐事，然而当我们回过头来总结过去半年的工作时，半年前想要达成的重要目标一个都没有做到。"

当你试图向下属解释一个新目标时，肯定会发现这样的情况：在会谈中，你尽可能地先用平实的语言把这一新的战略目标解释清楚，然而当你费尽口舌的时候，对方可能只是不断点头，唯唯诺诺地应付着。只要一转身回到自己的办公室，他就又会忙碌于那些他眼中"正儿八经的工作"，也就是我们所说的日常事务。

这样的下属是在全身心地投入你所说的新目标吗？显然没有。但是他也没想故意妨碍你的目标或者无视你的权威，他只是想延续自己原来从事日常工作的老路。

为了更好地描述这样的情况，我们的一个同事分享了这样一个故事，他说："我曾经在当地高中的交流委员会担任主席，这个委员会的目标就是，制定一系列提高考试成绩的目标。我的工作是向学校的老师传达这些目标，所以我去拜访那些老师，解释我们需要做的事情，并推动他们共同为之努力。

"第一个老师就让我感到很困惑，她似乎根本没有认真听我说话，后来我才明白原因：在她的小办公桌上堆满了学生的作业，而她要在一天之内完成对所有这些作业的批改工作。另外，她可能还要开家长会，还要为第二天备课。在我喋喋不休地向她解释的时候，她一脸无辜的样子，但实际上她压根儿就没认真听。她脑子里塞满了各种工作，已经没有剩余的空间留给我了，我并不怪她。"

现在让我们对之前所讲的内容做一下总结。第一，如果你想要去创造重要的成就，就必须采用改变行为习惯的方法，发号施令只会让你离心中的目标渐行渐远。第二，当你采用改变行为习惯的方法时，就要准备好与日常事务作斗争。这是一个重量级的对手，很多组织都因为无法战胜它，从而导致无法实现战略目标。

高效执行4原则并非是为了帮你处理日常事务而设计的，相反，它将教会你如何在日常事务的纠缠中去执行最重要的战略规划。

什么是高效执行4原则

《卧底经济学家》的作者，蒂姆·哈福德曾经说道："给我一个成功的复杂系统，我将给你一个在实践和错误中不断得到修正的新系统。"从高效执行4原则的角度来看他无疑是正确的，好的研究理论固然有益，但在实践和错误中不断进步也必不可少。

我们对全世界17个行业的13000多人进行了调查，并对500多个不同的公司进行了内部评估。在此基础上，我们又对大约30万的领导者及其团队成员进行了调查。这些调查对于我们早期的研究起到了奠基性作用，但是最宝贵的真知灼见并非来自于研究，而是源于全球实际操作的1500个实践案例。这些成功的实践案例帮助我们得到了高效执行4原则和具体的操作方法，也使我们坚信，它们适用于任何国家的任何行业。

这里有一个好消息，一个坏消息。好消息是：对付日常事务是有法则的。坏消息是：一旦你违反这些法则，马上就会得到恶果。

尽管一眼看去，这四条原则可能都很简单，但实际上并不简单，它们将深刻地改变你达成目标的方法。不论你是一个小团队的协调员，还是世界500强的首席执行官，一旦你采纳了它们，就将永久变革原来的领导方式。我们相信它是一项推动团队组织发展的重大突破性成果。

现在我们先简要了解一下这四条原则。

原则1：聚焦最重要目标

从根本上来说，一个人想要做的越多，他最终能完成的越少。这个道理显而易见，却适用于我们每一个人。然而很多领导都忽视了这一点，因为那些聪明而又雄心勃勃的领导们实在不想少做哪怕一件事，他们总想要多做些事，哪怕他们知道少胜于多。不要觉得他们不够聪明，当你面对一个不那么重要的好主意的时候，你也很难放弃的呀！但是，各种好主意总是会不断地冒出来，它们迟早会超出你的执行能力范畴，这也就是为什么你面临的第一个挑战就是聚焦到最重要目标上来。

聚焦是自然法则。分散的阳光不能够燃烧任何东西，然而一旦你用放大镜将它们聚焦，几秒钟之内就可以将纸片点燃。类似的道理也适用于人类，一旦人们能够将精力集中起来应对一个挑战，就很少有他们克服不了的困难。

聚焦最重要目标要求你改变传统的领导作风，使你的团队聚焦在尽量少的最重要事务上，从而达到最佳效果。在执行原则1的时候，你一开始至多只能选择两个最重要的目标，而非眉毛胡子一把抓，妄图把所有事情都一下子做好。我们之所以称之为最重要目标（a wildly important goal，简称WIG），是想让团队的全体成员都明白：这才是最重要的目标。如果不能做到这一点，即使完成了再多的次要工作也无济于事。

如果你正在试图完成5个、10个，甚至20个重要目标的话，你的团队便无法聚焦精力。缺乏足够的精力进行聚焦的话，你们的努力终将白费，成功也会变得遥遥无期。当组织高层同时有许多目标时，问题会显得尤其严重。这些目标最终会被层层分解，结果到执行一线的时候，可能会有上百个目标需要完成，构成了一个错综复杂的目标网络，这显然是难以实现的。

但是，如果你把团队的精力聚焦在一两件最重要的事情上，大家可以轻松地分辨出哪些是最重要事务，哪些是无关紧要的日常事务，他们将从一大堆乱七八糟的目标中解放出来，集中精力在一两件最重要目标上。原则1是聚焦原则，离开了聚焦，你永远得不到自己想要的结果。当然，聚焦最重要目标，只是一个好的开始。

原则2：关注引领性指标

这是一条有着杠杆作用的原则。它基于这样一个简单的道理：并非所有行为都是平等的，有些行为比其他的更能帮助你达成目标。如果你真的想要达成目标的话，首先就应该学会如何鉴别这些事情。

不论想要采取什么样的措施，你的行动以及成功将基于两种衡量指标：**滞后性指标**（lag measures）和**引领性指标**（lead measures）。

滞后性指标，是指那些为了达成最重要目标而进行的跟踪性指标。对于这些指标，大家往往会花费很多时间去祈祷能够得到好的结果，例如销售收入、利润率、市场份额、客户满意度等研究分析都属于滞后性指标。这意味着：当你得到这些结果的时候，导致这些结果的事情早已结束。之所以说祈祷，就是因为当你开始这些行为时，就已经不能控制它们了，你得到的都是历史数据。

引领性指标，和前者有很大不同，是指那些可以衡量你的团队必须做的、对达成预定目标有着最重要作用的行为的指标。从本质上来讲，它们可以衡量那些能驱动滞后性指标成功的行为，不论这些行为是简单的还是复杂的，小到面包店向每一位顾客赠送一小片试尝品，大到在喷气式发动机的设计中采用标准化方法。

一个好的引领性指标有以下两个基本特点：第一，它具有预见性；第二，团队成员可以影响这些指标。为了更好地理解这两个特点，我们以减肥为例。滞后性指标就是，具体要减多少斤。而引领性指标则可能是每天摄取的食物热量值不超过多少，或者每周要进行多长时间的运动。这些引领性指标之所以可以成为预兆，是因为只要按照它们去做了，你就可以大致预测到下周的体重会有多少（滞后性指标）。

在引领性指标上下功夫是有关执行力的一个小秘密。绝大多数领导，包括很多拥有丰富经验的领导者，只盯着那些滞后性指标，却下意识地摒弃了关注引领性指标的原则。

原则3：坚持激励性记分表

在实行记分的时候，人们的表现往往会大不一样。如果你对此表示怀疑的话，看看那些打篮球的年轻人吧。一旦开始记分，他们的状态就会大不相同。尽管如此，我们还可以把这句话说得更加精确，那就是：人们主动为自己进行记分的时候，他们的表现会大不相同，这和你是不是给他们记分关系不大。

原则3是关于激情的原则。从本质上来说，知道自己分数的人，或者说知道自己是输是赢的人，才会更有激情地投入其中，而只有这样，才能发挥出最佳状态。这个道理也很简单，打保龄球应该是一项轻松的运动，但是如果不给你看到球瓶是否被击倒的话，你很快就会变得不耐烦，哪怕你真的很喜欢打保龄球。

如果你已经按照原则1把自己的精力聚焦在你的最重要目标上，同时又按照原则2确定了能带领你达到目标的引领性指标的话，你已经具备了成功的基本因素。下一步，你需要一个简单而公开的、具有竞争性的量化记分表。

这些可以调动人们激情的记分表是专门为你的团队量身打造的。这个记分表的记分方式不同于专业体育教练使用的那种非常复杂的记分方式，尽管有很多领导者喜欢复杂的记分。我们的记分表必须简单，简单到每个团队成员一眼便可以看出自己是领先还是落后！这个也很重要，因为如果记分不清晰的话，那些人就会在日常事务的烦扰中，逐渐放弃你给他们准备好的竞争比赛。因为他们不了解自己是赢是输的时候，往往不能发挥出最高水平，其表现也更可能会逐渐降低。

原则4：建立规律问责制

原则4是在执行过程中使用的。前三条原则已经制定好了比赛规则，但是直到你采用了原则4，你的团队才能真正置身其中。这基于责任理论：除非令每一个人都坚持负起责任，否则我们的目标总会在日常琐事中日渐瓦解。

有规律地进行问责，是指任何拥有最重要目标的团队定期不定期召开例会，对之前工作计划的完成情况作汇报。这些会议每周至少都要召开一次，时间最好控制在半小时以内。在这个简短的时间里，每个团队成员都得以明确自己在日常事务之外的工作责任。

为什么规律地问责如此重要呢?

你可以回想一下自己或者周围的熟人，其中必然会有这样的人。我的一个朋友和他十几岁的女儿达成了这样的协议：女儿每周末早上为家里洗一次车，然后她就可以使用这辆车了。在这种情况下，他每周末都和女儿确认一下，车是否真的被洗干净了。

他们在开始的几周里都这样确认，一切顺利，但是之后他有一次需要到外地出差两周，回来之后，他发现车擦得不像之前那样干净了，于是他把女儿叫过来，询问她为什么会失责。

她女儿一脸无辜地问道："哦！我们还在坚持那个协议吗？"

这个责任制的崩溃，只用了短短两周的时间。如果说这只是一个一对一的情况，那么想一想，一个组织或者团队里又发生过多少次类似的事情呢！其中的奥妙就在于规律，每个团队成员都必须能够规律性地确认彼此的责任。每一周，整个团队都要逐个回答同一个简单的问题："除了日常事务以外，我在下周还需要做哪些对记分表有重大影响的最重要事务？"然后逐一汇报自己是否达到了上周的预期目标。引领性指标执行得如何？记分榜上滞后性指标的变化如何？最后，对下周的工作做出计划，每个人都只需要几分钟时间。

原则4的秘密在于，除了重复的开会节奏之外，每个团队成员的工作计划都是由自己制订的。这样一来，只要简单地告诉大家需要做什么事情，人们就很容易在团队中找到自己喜欢的位置。毕竟，每个人都可以自己制订工作计划，他们的自主权就得到了增强。相比服从命令来说，人们对于自己制定的目标会更加投入。更重要的是，获得员工的真心拥护比单纯官僚式的发号施令更人性化，在这样的情况下，员工们会更倾向于发自内心地为团队考虑，而不仅仅是完成任务。

由于团队每周都会有新的目标，并且总有些新的挑战和机遇是无法在制订年度计划的时候就预料到的，根据原则4逐周地制订新的执行计划，就可以不断调整团队的目标。这样，计划就能随着业务环境的变化不断变化。这样做的好处就是，团队成员可以避免受到不断变化的日常事务的影响，牢牢抓住最重要目标加以奋斗。

当你的团队通过努力，看到一个重大目标的滞后性指标成为直接成果时，他们就知道自己成功了。

这里有一个典型的例子。一个世界级的连锁豪华酒店将自己的最重要目标设定为这样一个滞后性指标：97%以上的顾客满意度。他们的口号是："只要您光临一次，我们就将热情欢迎您的下次光临。"而且，他们做得非常出色。

他们选择利用引领性指标来达到这个目标，即对每一个客人的贴心服务。

那么，他们做了什么与众不同的事情吗？

在走向成功的道路上，这家连锁酒店的每一名员工都有自己需要扮演的角色。拿客房服务员来说，他们需要将每一位客人的个人爱好和习惯记录到电脑里，以便客人下次光临的时候，仍然能够得到相同的优质服务。一个客人请服务人员把自己抽了一半的雪茄放在烟灰缸里，因为他过一会儿很快就会回到房间。当他回来的时候，烟灰缸里放着一支相同品牌的新雪茄，客人感觉很好。但超出他想象的是，一个月之后，当他来到这家连锁酒店的另一家店时，桌子上也摆好了这个品牌的新雪茄，欢迎他的光临。这个客人不由自主地感叹说："我现在总是想去看一看，他们房间里是不是还在为我准备着雪茄，他们已经牢牢抓住了我这个客人。"

除了一般的日常工作之外，这家酒店的服务员们都有很多新鲜事要做，比如记录客人的偏好，使用电脑储存或调出客人的这些偏好，并加以满足。显然，客房服务员们必须知晓以下几点才能做到这些。

- 提高客人的忠诚度是最高优先级的目标。
- 一些独具匠心的细节对于达成目标至关重要。
- 要细心地不断跟踪这些细节。
- 要对每一天的工作负责。

换一种表达方式，可以这样说：

- 他们知道要达到的目标（原则1）。
- 他们知道如何做才能达到这个目标（原则2）。

- 他们随时都知道自己的工作成绩（原则3）。
- 他们有经常性的问责规律（原则4）。

这些就是采用了高效执行4原则的组织机构的独有特性。

所有人都渴望成功，他们也希望为成功做出贡献，然而，太多的组织缺乏这些原则，缺乏出色地执行关键任务所需要的有意识的、持续的制度。一次执行失败可能会带来巨大的经济损失，然而这并非唯一的影响。对于那些想要把自己最好的表现贡献给团队成功的人来说，他们的士气将受到更大的打击。同样，如果一个团队有着明确的目标，并下定决心一定要为之不懈奋斗的话，没有什么比在这样一个团队里工作更能鼓舞人心了。

高效执行4原则之所以会起作用，就是因为它们是基于原理而非经验的。经验往往有很大的局限性，需要根据不同场合或主题进行不断演化，但基本的原理是不会变的，其正确性也是不言而喻的，它们适用于任何场合。它们是如万有引力一样的自然规律，不论你是否理解，是否同意都没关系，它的道理始终适用。

史蒂芬·柯维博士写过一本畅销多年的书——《高效能人士的七个习惯》。在这本书中，他找到了一些控制人们行为和效率的核心因素，包括责任、视野、智慧、理解、合作以及学习等等。

正如某些核心因素会控制一个人的行为一样，一个团队的行为习惯或者执行力，也会受到一些基本因素的影响。我们确信，**影响执行力的核心因素就是：专注、引领、激情和责任**。除此之外，还有其他什么影响执行力的因素吗？当然有，但这四者及其顺序也并非是我们编造出来的。我们没有发明它们，只是发现了它们，而且意识到理解它们并非难事。真正的挑战在于，领导者们需要寻找一个合适的方法来践行这些原则，尤其是在日常琐事缠身的时候。

如何使用本书

《高效能人士的执行4原则》可以划分为三大部分。

第一部分，“高效执行4原则”，旨在帮助读者对四原则有全面深入的了解。这一部分解释了为什么这些看似简单的理念在实践中并不容易实现，同时也说明了为什么这四原则是任何领导者要达到伟大目标的关键所在。

第二部分，“在团队中运用高效执行4原则”，这部分可以认为是一部指南手册。它给出了在一个团队中如何应用高效执行4原则的详尽细节供你参考。

第三部分，“在组织中运用高效执行4原则”。这部分以近几十年来数以百计的实施案例为基础，为读者提供了应用高效执行4原则的一些方法。你可以从中学到世界上最成功的顶尖组织的领导者们是如何运用高效执行4原则来推动自己的战略计划，从而带领自己的组织取得突破性业绩的。在这部分中，这些案例涵盖了相当广泛的行业。

在本书中，你可以找到富兰克林柯维公司的执行网站链接，对于本书所引用的很多案例，你都可以在网站上找到相关视频。

在全书的末尾，我们专门设置了一章对有关高效执行4原则的最常见问题进行解答。另外，我们还用一小章的篇幅告诉读者如何利用高效执行4原则完成个人或者家庭的目标。

本书和市面上大部分营销管理类的书籍不同。多数类似领域的出版物介绍了很多有用的思想和理论，却轻于实践。在本书中，我们则非常重视实践环节，并且会告诉你应该怎样具体运用这些原则，包括大量的细节、小提示、值得注意的地方和必须要做的事，等等。第一部分告诉你什么是高效执行4原则，第二部分和第三部分则利用大量的案例，生动地教会你应该怎样应用它们，我们非常希望你能够喜欢这种新的组织方式。

· · ·

在正式开始深入学习高效执行4原则之前，我们有必要先提醒读者三件事：

第一，高效执行4原则说起来容易做起来难。虽然这些原则听上去非常简单，但是真正执行起来，却需要艰苦卓绝的努力。千万不要被以下这样的思想所误导，认为高效执行4原则之所以强大是因为它简单易懂。事实上，成功运用高效执行4原则的案例，总是花费了相当多的时间和努力的，而且需要长时间的全身心投入。坚持运用高效执行4原则的话，你的收益也将不只是达到一两个特定目标，而是在此过程中构建了良好的组织管理方式，并可以借此不断地从胜利走向胜利。

第二，高效执行4原则是有悖于直觉的。这四条原则的每一条，都和人们的习惯不大相符，甚至会和你的直觉相抵触。从本能上来说，人们总是会想要追求更多的目标，然而你追求的越多，能出色达成的就越少。如果你想达成一个特定的目标，那么，不要仅仅盯着这个目标本身，而是要盯准能够驱动实现这个目标的引领性指标。在你最初运用高效执行4原则的时候，乍一看你做的事情可能并没有几分把握，甚至会违背自己直觉，但是，我们在此再次强调，高效执行4原则是通过多年大量的实践经验和假设检验总结得出的结果，你在本书中所学到的一切都经过了严格的正确性和有效性审查。好在，一旦你从高效执行4原则的实践当中得到了实实在在的收益之后，再回过头看，那些原来感觉不顺眼的原则就会感觉顺眼得多，感受到它们的诸多效用和价值。

第三，高效执行4原则是一整套操作体系。高效执行4原则是有机结合在一起的整体，而非几个独立的选项。尽管其中每一条原则都有其价值所在，但是它们最强的威力还是来自于相互配合的协同作用。每一条原则都为下一条打基础，离开其中任意一条都会使它们的效果大打折扣。可以将高效执行4原则比喻成计算机的操作系统，一旦安装好了，就可以使用它运行你的任何战略计划，前提是你必须安装完整的操作系统才行。

第一部分

高效执行4原则

The 4 Disciplines Of Execution

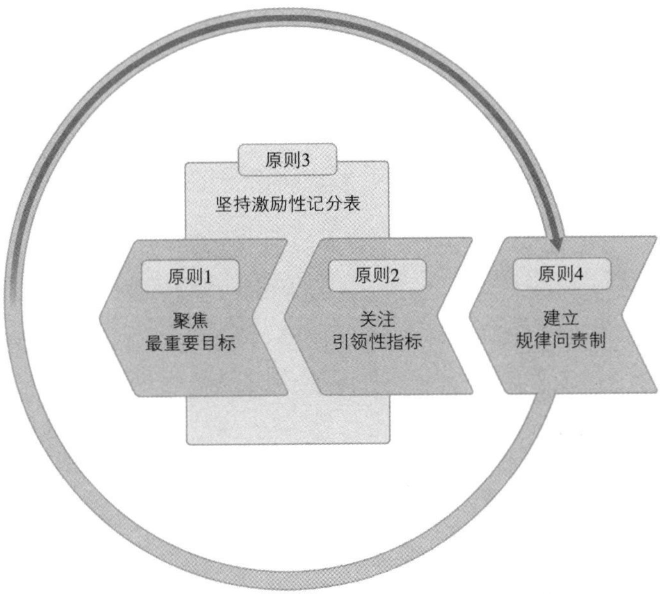

高效执行4原则都是关于如何创造出优秀成果的。上图中从右向左的箭头顺序，代表了优秀团队的实际执行顺序：他们坚持让自己持续不断地肩负起实现引领性指标的责任，从而驱动了最重要目标的达成。

原则3的量化记分表位于圆环的中心位置，这是因为它为所有人展示了成功完成目标的衡量标准。

原则4的规律问责制环绕着其他三个原则，这是因为它将所有原则结合到一起。环形的箭头代表了经常性、规律性的问责机制，这是在引领性指标的记分表上取得好成绩的必由之路。

Discipline 1

原则1

聚焦最重要目标

Focus on the Wildly Important Goal

执行始于专注。没有聚焦，其他三条原则都帮不了你。

我们的第一条原则：将你最好的精力集中到一两个最重要的目标上来，而非平均地分散到十几个目标——这一两个目标应该是能够使你得到革命性成果的事情。

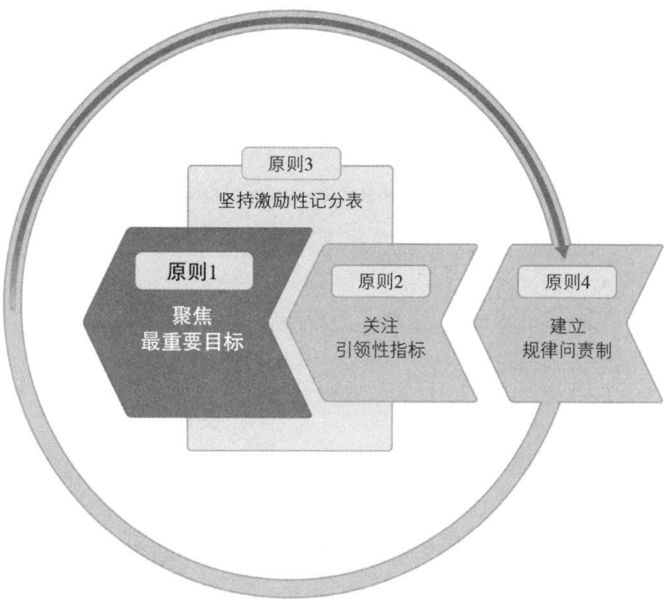

为什么几乎所有的领导都在为聚焦目标而苦苦挣扎？这可不是他们不想集中精力干大事。我们每周都要和几十个来自世界各地的领导团队打交道，出乎我们意料的是，他们都承认自己需要更加专注。然而，尽管他们对聚焦的需求如此强烈，但还是发现在需要优先考虑的事情上会产生很多冲突，这最终将他们的团队拖向了不同的目标。在这一点上，我们希望读者能够明白，不能有效聚焦，并非你一个特例，这是很多领导者的通病。

我们还希望你能明白，在原则1中提到聚焦的时候，并不是要缩减日常事务的规模和复杂程度。你所面对的日常事务往往是必须及时处理的，是使你的组织保持正常运转的必要条件。本书所说的聚焦最重要目标，是指在必须要做的日常事务之外，缩减你试图达成的额外目标的数量。

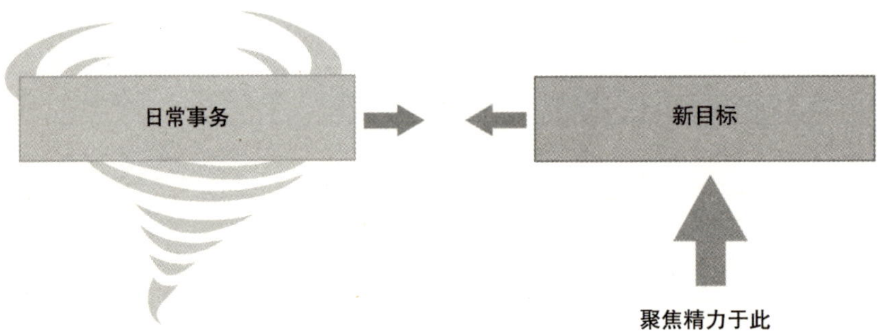

践行第一条原则意味着要把自己的精力聚焦到一两个最重要的目标上来，这样你就更容易在纷杂的日常事务中控制完成目标的进度。

简单地说，原则1就是把更多的精力集中在更少的事情上。制定目标的时候，目标数量越多，能够出色达成的就越少，这是和万有引力一样的自然规律。

如果一个团队可以在日常事务之外，把时间精力聚焦在两三个目标上，他们多半是可以达到目标的，但是，一旦他们同时制定了四到十个目标，根据我们的经验和实验，通常只能完成一两个目标。更糟糕的是，如果他们同时去追逐十个以上的目标时，往往会完全失去焦点。他们的团队成员在面对如此多的目标时，也会显得手足无措，只好让这些目标自生自灭了。

日常事务之外的目标数量	2～3	4～10	11～20
能够出色达成的目标数量	2～3	1～2	0

出色完成2～3个目标的可能性很高，但是一旦你决定去达成更多的目标，可能实际达到的反而会更少。

为什么会这样呢？

原则1的理论基础在于：人体的生理构造天生只能一次做好一件事情。读到这里也许你还会暗自骄傲自己原来如此厉害，可以同时处理多件事情依旧游刃有余，但是对于最重要目标来说，你会希望投入自己的最大努力。

史蒂夫·乔布斯的苹果公司算是大公司了吧，只要愿意，他完全可以推出更多的产品到市场上，但他选择了另外一条路径，把所有力量都聚焦在几种“最重要”产品上。他的专注是超乎常人的，也取得了传奇般的成就。科学家告诉我们，人类的大脑在任何时刻都只能全神贯注地投入一件事情。在接电话或者吃汉堡的同时，你甚至不能聚精会神地开车，更不要说同时关注多个最重要目标了。

麻省理工学院神经学教授厄尔·米勒的研究表示，同时专注于两件事情会超出人类大脑的处理能力，特别是当人们试图同时做两件相似的事情时，比如，起草一封电子邮件的同时打电话。这两件事会竞争对大脑某些部位的使用，都想得到更多的关注，结果反而降低了大脑的工作效率。写邮件和打电话仅仅是两件小事，就会导致这样的后果，如果是两件同样重要、足以改变你整笔生意的事情，想一想后果吧！

人类大脑的门户——前额皮质并不能处理潮水般的信息流，因为它被大自然设计得只能处理汤勺那样多。

根据斯坦福大学社会心理学家克里夫·纳斯的研究，在多任务处理实验中，神经回路需要进行浏览、略读，然后才能够扩展加强处理多任务的能力，但是与此同时，深入阅读和思考的持续专注能力被削弱了。

结论就是：习惯同时做多件事的能力，是以牺牲在主要事务上的专注换来的。它只会使人分心，而那些主要事务才是我们的最重要目标。

美国国家神经失调和中风研究所的乔丹·格拉夫曼在其研究中发现："事实上，提高我们处理多任务的能力会妨碍深入思考和创新的能力。你处理的事情越多，专注就越少，你思考推理的能力就越差。"

当然，你不必非要去让自己的大脑超负荷运行，你可以把好钢用在刀刃上，专注地集中于一个最重要目标，同时对其他事情保持适度的关心就好。我们可以用机场的控制塔台来形象地比喻这一现象。一个机场可能会同时有上百架飞机在起飞、着陆，或者滑行，显然每一架飞机都重要，尤其是你乘坐的那一架，但是对于塔台管理员来说，每个时刻只有一架飞机是最重要的目标，那就是正在降落的那一架。

塔台管理员要同时对雷达上显示的所有飞机保持警觉，对它们保持跟踪，但是每一时刻，他都要将全部注意力和精力聚焦在一架飞机上。如果不能安全平稳地引导这架飞机着陆的话，他做的其他任何事情都是徒劳。

最重要目标就类似于此。**最重要目标就是，在周而复始的日常事务之外，值得你集中所有精力去完成的事情。**为了成功达成，你必须要从雷达上所有重要的目标中找出自己的最重要目标。这是一个艰难的决定，然后，你就要全神贯注地投入这个目标，直至出色地完成。

这并不意味着你就可以放弃其他重要目标，它们依然在你的雷达上，只是现在不需要你全神贯注地努力而已（不过，还是有部分目标也许永远都不需要你全心关注——他们停在那里从未起飞）。

那些企图同时完成很多目标的人，最终往往会以不了了之收场。你可以忽略聚焦的自然法则，但是它永远不会忽视你。

传统思维	高效执行4原则
所有的目标都很重要。我们能够成功地同时处理并完成五个、十个乃至更多的目标，只要我们更加努力、更长时间地工作。	许多目标都是重要的，但其中只有一两个是最重要目标，是我们必须要达到的。在任意时刻，我们最好的精力都应该集中在一到两个最重要目标上。

对好点子说“不”

现在问题来了：为什么有很多压力促使我们去拓展目标，而不是精简目标？虽然你懂得聚焦的必要性，但为什么实际做起来这么难？

你可能这样说，随便哪一天你都能发现至少十几件事情需要改进，还有十几个机会值得去把握。在此基础上，你可能还会接收到来自上级机构或领导的指示，尤其是当这些指示来自你的直接上级时，你就不得不再次增加自己的目标。

尽管如此，除了这些外在原因之外，导致这种情况的真正元凶还来自于你自己。

虽然那些想要更成功的心理倾向，从本质上说，都是出于积极的目的，然而在某种意义上，你也经常是自己最大的敌人。保持对自己这些内心倾向的警觉，绝对是一个良好的开端。下面我们就对其中几种心理进行剖析。

你带领团队去做更多的事情，一个原因在于，作为领导者，你更倾向于让自己显得有雄心壮志和创造力。任何组织都会喜欢并提拔重用这样的人，但问题在于，具有创造性、雄心勃勃的人往往都想要做得更多，而不是更少。如果你也是这样的话，你的思维模式几乎天生就与聚焦原则相冲突。

在你想要聚焦目标的时候，最大的挑战是需要你对大量的好主意说“不”！高效执行4原则甚至会要求你对一些伟大的创意大声说“不”，最起码在现阶段是这样的。对于一个领导者来说，没有什么比拒绝好主意更违背直觉了，但是对于聚焦来说，也没有什么比接受一切好主意更具破坏力了。

使事情更加麻烦的是，这些好主意并不是同时冒出来的，如果能把它们放在一起进行比较，选择还会容易些。但是，它们是一个个冒出来的，每一个好主意刚出炉时，看上去都好得让你难以拒绝，然后你就会落入自己制造的陷阱。

我们坚信，每一个面临这样挑战的领导者都应该把下面这句标语挂在办公室显眼的地方：

好主意的数量

总会超出执行能力的范围！

我们不能过分强调聚焦于一两个最重要目标的重要性，这有悖于人的直觉，但确确实实会发生。

在苹果公司出名之前，其首席运营官蒂姆·库克曾这样对投资人说："在我所知道或者听说过的范围内，我们是最专注的公司。我们每天都要拒绝一些好点子，甚至会对一些伟大的创意果断说'不'。所有这些拒绝的目的，就是为了能够集中更多的能量在我们选择的目标上。现在，每一个读者都可能正在使用苹果公司的产品。截至去年（2010年），苹果公司的年度收益是400亿美元。"

苹果公司这种敢于拒绝好点子的做法，对他们的竞争对手造成了毁灭性的打击。我们曾经和一家与苹果公司直接竞争的手机公司合作，我们会见了该公司一个领导，他负责设计和iPhone竞争的新的手机接口（你觉得这是个好主意吗），他非常沮丧，"这真的不公平，"他摇着头说，"我们研发了至少40种不同的手机，可是苹果只做了一种就占领了市场。"

很可惜我们并不赞同他的想法。

就像史蒂夫·乔布斯所说的一样："当你决定了什么事情对你来说是最为优先时，你必须有勇气——愉悦地、带着微笑地、不需辩解地，去对其他事情

说‘不’。因为你说‘不’的时候，内心里熊熊燃烧着更大的‘是’的决心。”

一旦你懂得拒绝的重要性，懂得通过拒绝好点子的诱惑来聚焦团队的能量，就可以远离影响聚焦的第一种困境了，不过，还有第二种更为常见的困境，就是试图把所有日常事务都纳入最重要目标的范畴内。

日常事务是所有保持你的组织正常运作的事情，我们可以用下图中的闹钟来表示它们。把你以及团队成员80%的时间和精力投入这些日常事务，是完全有必要的。保持整个组织的运转绝对是首要工作，但是如果你们所有的精力平均投入到这些日常事务之中，想要提升每一项工作的话，就会丧失自己的聚焦点。

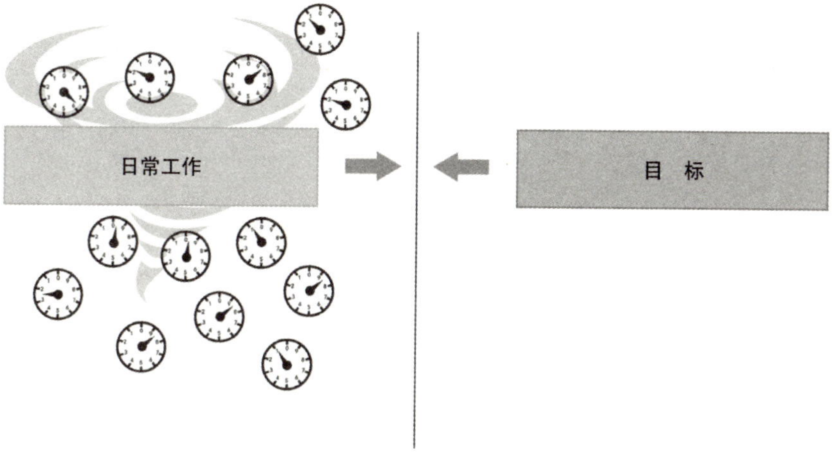

在一个组织的日常工作中，人们需要处理大量的事务——财务、客户服务评价、产品生命周期等等，一个新的最重要目标很容易被淹没其中。

想要在这些日常事务上达到同样的进步，就好比用十根手指在一张纸上同时戳出十个洞来一样困难。你很难在每一件事情上都花费足够的精力，去改变团队成员的行为习惯。集中精力在一个最重要目标上，就像用一根指头在纸上戳出一个洞一样简单，因为你把所有力量全部都集中在这根手指上了。

除非你只靠发号施令就能达成自己的目标，否则成功往往需要你的团队改变他们的行为习惯。然而不论你是多么的迫切，他们都很难同时去改变很多固有的行为习惯。如果你试图去改进每一项日常事务的工作，那只会耗尽你的全部精力，而且最终毫无起色。

在避免这两种困境之后，你学会了对好主意说“不”，也不再试图去把每一项琐事当作改进目标，那么，接下来应该怎么做呢？聚焦你的视线到一两个最重要目标上来，并带领你的团队持久地投入时间和精力。换句话说，如果你想要能够高度聚焦、出色表现的团队成员，就必须先给他们一个值得聚焦的最重要目标。

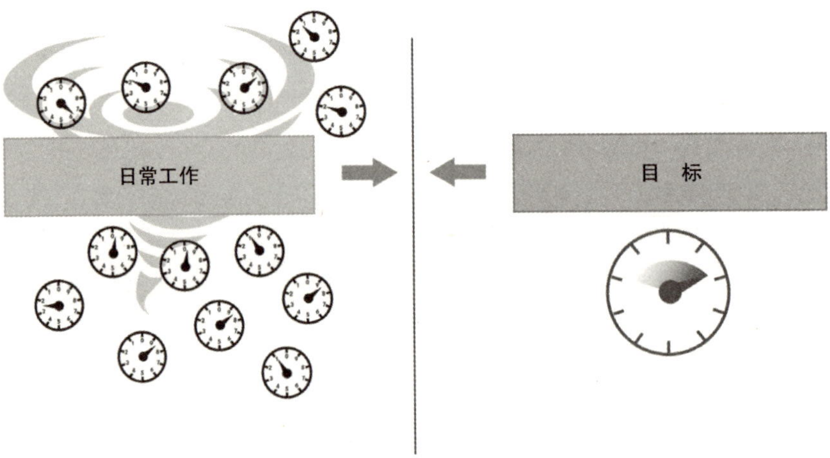

当你不再纠缠于各项日常事务时，原则1要求强烈地聚焦于一个能带来最终成就的最重要目标。

确定你的最重要目标

最重要目标是指能够给你的组织带来巨大变化的目标。它就是你的战略支撑点，你必须对其投入日常事务之外余下的20%的精力，但是，你应该怎样做，才能从纷繁复杂的可能目标中确定出你的最重要目标呢？

有时候最重要目标一目了然，但也有时模糊不清。如果你扪心自问什么是最重要目标的话，就可能会发现自己的思绪在到处兜圈子，因为那些紧急的日常事务都想要在你的大脑中抢占最重要的位置。

为了描述得更加清楚，我们可以假想出一幅这样的图景，一个制造业工厂的领导层可能会有这样的对话。一个人说："我告诉你，质量是最重要的，质量就是最重要目标！"另一个人说："不要忘了，是生产给我们带来了产值和效益。"第三个人又会说："不好意思，我真的无法同意你们的观点，我认为安全才是最重要的。你们遇到过伤亡事故吗？如果经历过，你们就知道安全有多重要了。"

这样的会谈结果必然是大家彼此产生分歧，自然也就无法统一聚焦点。

会谈失败的原因在于，领导们问的问题不恰当。

在确定最重要目标的时候，不要去问"什么是最重要的"，而应该这样发问：**"如果其他各个方面都保持现状的话，改进哪一个方面才能给我们带来最大收益？"**这个问题就改变了思路，让你们明白最需要聚焦的方面可以带来最大的改变。

记住，团队80%的精力依然要花在维持日常事务运转上。这样你就不必担心，大家都把精力投入到了一两件最重要目标上，其他的工作就被忽略了。一旦你没有了其他事情的后顾之忧，就可以大胆推进你的最重要目标了。用原则1的术语来讲，就是你可以聚焦于最重要目标了。

根据来源划分，你的最重要目标可能会有两大类：一类来自日常事务之内，一类来自日常事务之外。

来自日常事务之内的，这件事可能目前做得毫无章法，急需固定出一套规范来，或者它是阻扰你们价值传递的一个关键因素。一拖再拖的项目完成时间，预算超支，或者客户服务不满意都是这方面的例子。当然，这件事也可以是一件现在已经做得很好的事情，但是做得更好会对整体工作产生更强大的杠杆作用，比如，把一家医院的患者满意率从85%提升到95%，就会显著提升这家医院的效益。

来自日常事务之外的，这个选择可能会重新定位你们的战略规划，比如开发一种新产品或者新服务去应对竞争对手的挑战，或者赢得更多的机会。这些事情将完全改变你们现在的工作，都可以成为最重要目标。不过请牢记，这种目标更需要你们改变行为习惯，因为它们对于你的团队来说是全新的。

不论你的最重要目标来自日常事务之内还是之外，你的真正目的都不仅仅是去实现它们，还要通过它们将团队的工作状态提升到一个新高度。从本质上讲，一旦一个最重要目标达成之后，它就自动转变成了日常事务。每一次这样的转变，都会带来日常事务的变化。这种变化并不是混乱无序的，无序的问题总是在重复出现又重复解决，而新高度是可持续的。从本质上来说，这是日常事务的新高度。最终，这将使你的团队站在更高的基点上奔向新的最重要目标。

如何让组织聚焦目标

到目前为止，我们已经讨论了很多关于让你和你的团队聚焦目标的事情，这本身就已经是一个巨大的挑战。如果要整个组织或者更大规模的组织去聚焦目标的话，无疑会变得更加困难。尽管后文将有更加详细的介绍，我们还是希望读者在开始学习原则2之前，能够对如何在整个组织中运用原则1有个整体的框架概念。

规则1：没有任何团队可以同时聚焦两个以上最重要目标。这条规则就像是发动机上的调速器。当你深入到高效执行4原则的实践阶段时，就可能会发现，整个组织里有数十个甚至上百个最重要目标。这里的关键就在于不能让任何团队、领导或者其他个人承担起过多的目标，请记住，他们都要接连不断地去处理一大堆日常事务呢！

规则2：你选择的局部战役必须要为赢得整个战争服务。无论是在军事冲突中，还是在与饥饿、疾病、贫穷作斗争的过程中，都存在战役和战争的关系，你发起一次战役的唯一目的就是要赢得整个战争。在一个组织中，下层要实现的每一个最重要目标，都应该而且必须为实现更高层的最重要目标服务。

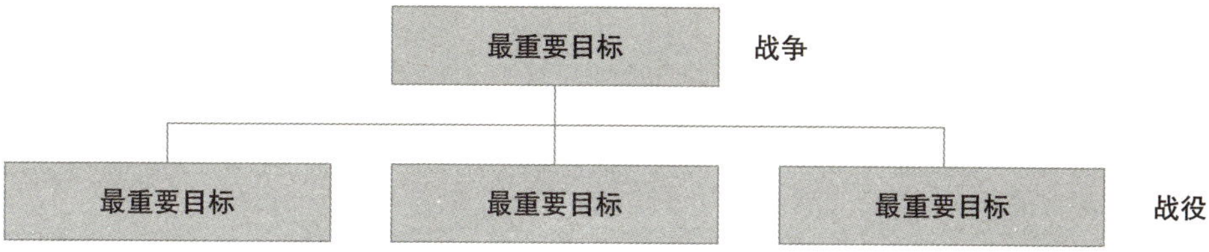

举例来说，我们曾经为一家互联网经济服务公司提供帮助，他们公司的目标是到当年财年年底，收益从一亿六千万美元提高到两亿美元，从而满足投资者的期望。他们开始制订的方案是：一个新的国外销售团队承担800万的增长任务，主要销售部门承担其余的3200万的增长任务。

但是，其他部门做什么呢？技术团队应该为实现公司这个最重要目标发挥怎样的作用呢？这事和他们一点关系没有吗？不论如何，他们感觉自己被剥离在公司的最重要目标之外了。

经过一些认真研究之后，他们确定，作为下层组织，技术部门的最重要目标是，提高持续不断为客户提供服务的能力。这是新客户选择服务商时的一条重要依据，或许是最关键的依据。这样，这支技术团队就要为这个最重要目标进行艰苦的努力了，而他们的成功，也将为其他部门乃至整个公司的成功扫清障碍。

一旦顶层的最重要目标确定下来，下一个问题就变得很关键了。不要泛泛地问："我们获取成功需要做的所有事情包括哪些？"这个问题的答案太过冗长。你应该问："要取得胜利，我们至少要做哪些事情？"这个答案将决定下层组织的最重要目标是哪些，有多少。当你开始准备去赢得一场战争时，就得考虑确定组织有哪些局部战役了。这个具体过程我们会放到后面来讲。

规则3：领导可以否决，但不能独断。如果一个组织的战略计划只是简单地由上级向下级分配任务的话，他们的执行效果就绝不会达到最好。没有下属参与的话，你就无法创造出高效执行所必需的使命感。即使在最高管理层决定了组织的最重要目标之后，也要允许下边的各级领导分别去为自己的团队制定最重要目标。这不仅仅有效发挥了集体智慧，更会极大增强全体成员的归属感和参与感。简单来说就是，人们对自己亲自选定的目标会更有责任感，而这些目标也可以为实现组织的总体目标发挥作用。在此之后，高层领导就可以行使否决权，来选择哪些局部战役将会对赢得整体战争发挥最大效能。

使用原则1可以快速将一个宽泛的战略计划凝练为每个团队清晰的最重要目标，这既不是一个简单的自上而下发号施令的过程，也不是纯粹的自下而上。在这个过程中，首先由高层领导将组织的总体最重要目标明确下来，这是一个自上而下的过程，然后，再由下面的各级领导和团队围绕此目标选定各自的最重要目标，并反馈回去，这是一个自下而上的过程。

规则4：所有的最重要目标必须有明确的完成时限和标准，类似于到什么时间，把某个指标从现有的X提升到Y。每一个最重要目标都应该有一个明确的可衡量指标，并指明到某个时间必须要达到的水平，例如，一个旨在提高年收益的最重要目标可以这样描述："在12月31日之前将新产品的年收益率从15%提高到21%。"这种表达方式清楚地阐述了现在的状态、将要达到的目标状态，以及达成目标的时限。尽管看起来非常简单，很多领导依然在为如何把自己的战略目标转化为这样的形式而头疼，但是一旦他们完成了这样的转化，他和所领导的团队都将获得一个非常清晰的目标。

可惜的是，通常情况下，人们的目标往往缺乏这样的清晰度，我们经常可以见到一些没有时间限制也没有办法去衡量是否完成了的目标。

- 某跨国零售公司："加快库存处理率。"
- 英国某出版社："深化加强新老客户关系。"
- 澳大利亚某旅游局："积极带动昆士兰州旅游业发展。"
- 欧洲某投资公司："将我们的证券投资从固定组合向生命周期策略组合转化。"
- 某跨国农商公司："发现、聘用并保留优秀员工。"

以上这些目标都缺乏清晰的指标来告诉他们这些目标是否已经达成，比如

“加快存货周转”，加快多少？“加强新老客户关系”，怎样衡量这个“加强”呢？“将我们的证券投资组合向生命周期策略组合转化”，又该怎样衡量我们是否做到这一点了呢？

有效的滞后性指标应该是类似下面这样的：

- “在今年12月31日之前将库存处理率从8%提高到10%。”
- “在两年之内将我们的客户忠诚度指标从40%提高到70%。”
- “在五年内将40%以上的客户投资组合从固定组合转换为生命周期策略组合。”
- “在本财年结束时，在85%的绩效评级中引入新老客户关系管理解决方案。”

如果一个目标非常重要，那就有必要保证你能对其是否成功完成做出明确的判断。到某个时间，把某个指标从现有的X提升到Y，就是一种好的做法。

在制定完成期限时，我们经常会听到这样的问题：“我们应该为最重要目标留出多少时间呢？”我们的答案是：“具体情况具体分析。”由于一般团队或组织经常会根据年度来衡量或考核成绩，因此利用年作为基本的时间单位应该是个不错的选择。我们也见过一些期限为两年或者半年的最重要目标，至于一些有关具体项目的目标，其完成期限当然还是和项目的完成时间保持一致比较好。具体的完成时限可以取决于你自己的判断，但请记住：最重要目标应该是一个既有诱惑力又有挑战性的目标。

精简目标并设定完成时限

1958年，刚刚成立不久的美国国家航空航天局（NASA）有很多重要的目标要做，比如，拓展人类对大气层和太空现象的认识，这和我们现在天天听到的许多“成为世界级的……”、“引领……行业发展”之类的商业口号一样。尽管国家航空航天局的领导们有很多从不同侧面衡量这个目标的方法，但是他们依然缺乏一个清晰的截止时限，而且他们手头也没有苏联已经取得的成果。

但在1961年，肯尼迪总统在演讲中提到："要在20世纪60年代结束之前，将一个人成功地送上月球并安全返回。"这才为国家航空航天局奠定了最重要目标的基调。国家航空航天局几乎是在一夜之间找到了强大的新机会，打赢这场战争将是未来十年的最重要目标，而且它有着清晰的表述——让人类从地球到月球安全往返，截止时间是1969年12月31日。

下面是美国航空航天局在不同时间的两个目标表，读者可以从中体会传统组织的目标和真正的最重要目标之间的差异。

1958年	1961年
1. 拓展人类对大气层和太空现象的认识。 2. 研究高速、安全、有效的太空交通工具。 3. 发展并运作可以在太空中传送仪器、设备、给养和生物的运载工具。 4. 开展对和平利用宇航和太空技术的机会、问题以及潜在好处的长期研究。 5. 保持美国在宇航、空间技术和对外太空利用中的领导地位。 6. 使机构可以直接将具有军事价值的发现与国防部门进行交流，或者将有重要意义的信息与指导并控制非军事航空和空间活动的民间机构进行分享。 7. 协调美国与其他国家或组织在和平利用太空技术中的合作。 8. 密切联系有关单位，避免重复投资和建设，最高效地利用美国的科技与工程资源。	"我坚信，在60年代末，美国将有能力把一个人安全地送上月球并安全返回。" ——约翰·肯尼迪

读者可以仔细考虑1958年的目标。

- 它们是否都目标清晰而且可衡量？
- 同时有多少目标？
- 所有这些目标都有完成的截止日期吗？

那么，这些目标取得什么样的结果才能有效带动美国国家航空航天局的工作呢？毕竟，苏联已经抢先向太空发射和输送了人造卫星及宇航员，而美国还停留在测试火箭的阶段。

相比之下，1961年的目标就只有一个清晰得多的最重要目标。

下一步，在这个事关国家荣誉的紧要关头，美国国家航空航天局必须要决定通过哪几场战役来取得战争的最终胜利了。

最后，他们选择了三个关键战役：导航、动力和生命支持。因为宇宙飞船需要在太空中以每秒18公里的速度向月球上的一个指定地点飞行，在绕地轨道上的速度也很快，所以精确导航绝对是个大挑战。动力也不容易，因为要把一艘载有登月舱的火箭加速度到足以脱离地球引力绝非易事，当时世界上还没有那么大推力的火箭。生命支持是最关键的一环，它至少需要设计一个太空舱和一个着陆舱，以便宇航员能够平安往返月球，并对月球表面进行勘探。

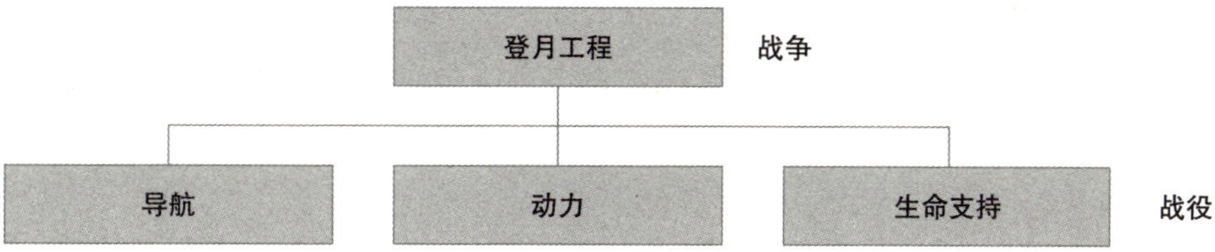

肯尼迪总统的演讲还包含了原则1的另一个重要方面：对好主意说“不”。他意识到，除了登月目标，国家也有其他很多有价值的目标，但是不得不放弃，所以就像他所说的那样：“有人问，为什么是月球？为什么选择登月作为我们的目标？因为这个目标将有益于组织和衡量我们最好的能力与技能，因为这个挑战是我们乐于接受的，因为这个挑战是我们不愿推迟的，因为这个挑战是我们想要打赢的。”通过这种方式，他将美国国家航空航天局的工作聚焦于这个有着明确完成时限的目标，这个目标的达成也最终成为人类历史上最重要的探险之一。

你认为公布载人登月计划，会对美国航空航天局带来怎样的挑战和责任感呢？这在当时绝对是石破天惊的大新闻！要知道，当时宇宙飞船上使用的电子计算机，只相当于大家现在口袋里的手机芯片的计算能力。更严重的是，科学家和工程师们还没有掌握足以取得这三大战役胜利的技术。所以回顾这段历史的时候，大家可能都会不禁感叹：1969年实现登月是不可能的。

现在，我们来考虑一个不一样的问题：当责任感飙升时，人们的士气和投入感会有怎样的变化呢？同样，也会有石破天惊的飙升，很多领导者都发现了这一点。我们一般会倾向于认为，当责任感达到最高点时，过高的压力会影响士气，但事实恰恰相反：聚焦你们的目标，将会同时提升团队成员的责任感和士气。

当一个团队从同时拥有十几个想要达到的目标，精简为专攻一两个最重要目标时，他们的士气会发生戏剧性的变化。这就像在每个团队成员大脑中上装了一个开关一样，大家同时对自己下达命令："开始！"如果你能打开人们大脑中的这个开关，就为他们出色的执行奠定了良好基础。当肯尼迪总统宣布要在十年内将人类送上月球时，他就打开了这样的开关。

你能回想一下自己作为团队一员，脑子里听到那个"开始"声音时候的感受吗？那是非同一般的体验，即使你手头还有无数的日常工作需要处理，你也清楚地知道将要完成的这个目标的重要性和完成时限。更有意义的是，团队每个成员都为完成这个目标做出了贡献。每一个人都渴望成功的感觉，希望自己做的事情有意义，特别是在无聊时，这种感觉尤为强烈。

几年前我们开始这项关于执行的研究时，并没有打算去关注战略规划的定义，更不要说是重新定义它了，但是我们很快就发现，战略规划和执行之间的界限往往是模糊的。运用原则1将使你的战略规划更加锋锐有力，而其本质是让它更容易得到执行。

这就是为什么原则1要求你将战略规划由概念转化为目标的原因，把模糊的战略规划变成一系列具体目标的完成时限。运用原则1的四条规则的核心便是这个意思，让整个组织了解将要完成目标的整体框架。本书的第二部分和第三部分将提供更多实例。

最后，请记住关于聚焦的这四条规则都是客观无情的。可能你多多少少还有些想蒙混过关的小心思，说实话，我们在工作中也曾有过这样的想法，但是，这些原则就像万有引力定律一样，它们并不在乎我们怎么想，也不在乎我们的具体细节，只会带来遵循规律的结果。

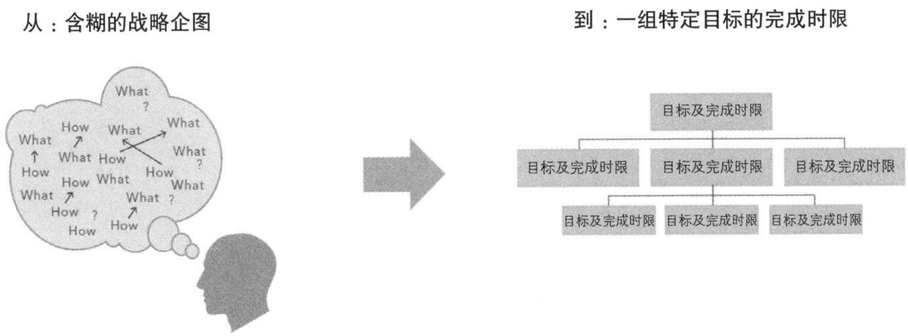

太多组织的目标模糊不清，结果使团队成员不得不去猜测团队希望自己“做什么”、“怎么做”。原则1就提供了清晰明确的目标以及完成时限，这样人们就可以明白自己怎样才能达到成功。

聚焦于少数最重要目标原则是很普通的道理，然而实践起来并不容易。伊索寓言中有这样一则故事：一个小男孩把手伸进一个装满榛子的罐子里，他尽可能地去多抓榛子，然而当他试图把手缩出来时，才发现罐子的瓶口太细了。他既不想放弃已经握在手中的榛子，又无法把手掏出来，于是哇哇大哭，伤心自己的不幸。

就像这个小男孩一样，在你瞄准一个更伟大的目标之前，有可能很难放弃一堆好主意，就像史蒂夫·乔布斯说的一样：“我对我们放弃做的和选择做的事情一样感到自豪。”原则1就是关于制定这个伟大目标的原则。在本书的第二部分，我们将为你提供更加详细的指导，帮助你去具体制定一个组织的最重要目标。

Discipline 2

原则2

关注引领性指标

Act on the Lead Measures

原则2是一条有着杠杆作用的原则，引领性指标是那些和达成最终目标关系最为紧密的事情。

高效执行4原则的第二条原则是，要在可以驱动你的引领性指标的事情上倾斜资源，这样就可以为实现滞后性指标提供支撑。

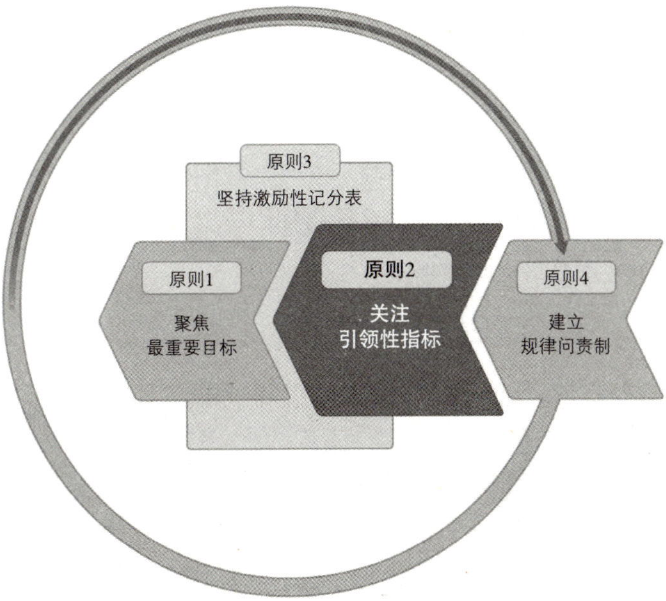

原则1为一个组织引入最重要目标的概念，并将其逐级分解为一些易于衡量的子目标，最终使组织内的每个团队都拥有自己的最重要目标。原则2接着定义了可以帮助团队达成目标的关键行为。

滞后性指标可以告诉你是否完成了目标，而引领性指标却可以教会你怎样做才能去完成目标。滞后性指标并不能改变什么，而引领性指标在很大程度上是由你自己把握的。

举例来说，你无法控制你的车多久出现一次故障，这是一个滞后性指标，但是你绝对可以控制多久进行一次汽车保养，这就是一个引领性指标。你在引领性指标上做得越好，就越能避免汽车出现故障。

一旦制定好了最重要目标，你自然就会根据直觉去建立一个详细的计划列表，把未来几个月所有需要做的任务，以及细分的子任务都列入其中，但是根据原则2，这可能并不是你真正需要马上去做的事情。

大多数组织制订的长期计划都过于硬性，因为缺乏对不断变化的业务需要和环境的动态适应能力，这些长期计划书往往过不了多久就会被束之高阁。

原则2将教给你一种不一样的做法。

原则2要求你这样制订每日或每周指标，达到这些目标将会驱动最重要目标的达成，然后在每天或每周的开始，你的团队都要重新确定，哪些事情可以带动这些引领性指标的完成。通过这种方式，你的团队就总是在与时俱进地制订一个又一个阶段性的具体计划，这使得你们可以快速调整适应环境变化，而又始终坚持对最重要目标的聚焦。

传统思维	高效执行4原则
紧盯着滞后性指标，如季度财报、销售数量、损失等，在等待这些结果的时候无所事事。	聚焦于推动引领性指标，它们是推动滞后性指标提升的关键点。

滞后性指标VS引领性指标

下面我们来深入讨论滞后性指标和引领性指标的区别。滞后性指标是对你想要达到结果的衡量指标，我们之所以称之为滞后性指标，是因为在你获得它的数据之时，所有事情都已经发生得到结果了，所以这些指标就总是滞后的。最重要目标中的，到某个时间，从X提升到Y，就是一个滞后性指标，但是最重要目标并非现实世界中唯一的滞后性指标。实际上，在我们的日常事务中充满了无数的滞后性指标，比如说收益率、支付能力、库存数量、住院率、资产利用率等等。

引领性指标就不一样了，它们可以预告结果。引领性指标有两个显著特征，第一，引领性指标具有预见性。这意味着一旦某个引领性指标发生了变化，你就可以根据这个推断出滞后性指标之后会有怎样的变化。第二，引领性指标是可控的。它可以被你的团队所影响，这意味着，你们可以靠自己的力量促使引领性指标发生变化。

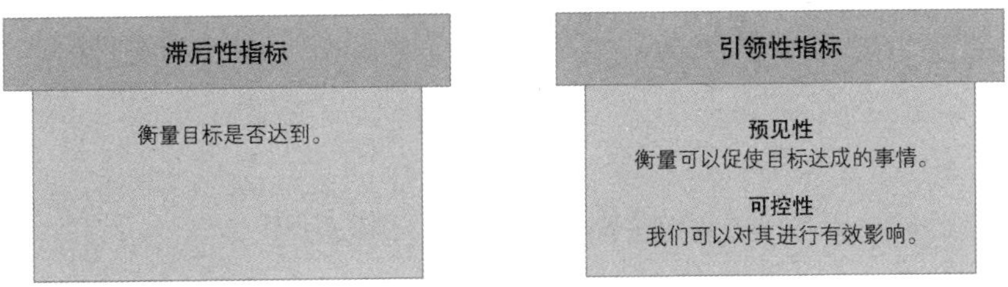

原则2将教会你如何创建引领性指标，这些指标的进步将是驱动最重要目标达成的强大动力。在接下来的几个月里，你的团队都将持续投入精力，去推动这些引领性指标不断前进。我们在数百个团队中的实践证实，这些投入会成为最终成功的关键。

我们坚信，真正理解引领性指标的涵义，将是你从本书中得到的最大收获之一。

现在，我们再深入分析引领性指标的两个特征。假设现在的最重要目标是，"在9月1日之前将谷物产量从200吨提高到300吨。"这个从200吨到300吨的指标就是你的滞后性指标。我们都知道，降水量对谷物的收成影响很大，可以用来预测谷物的产量，那么，降水量算是我们所说的引领性指标吗？不是，因为你无法通过改变天气，得到你想要的降水量。降水量具有预见性，但这个指标是不可控的，而这两个特征同样重要，所以降水量不能算是我们所说的引领性指标，然而，施肥次数同时符合这两个特征，所以可以算作是引领性指标。

现在转入下一个大家都很熟悉的例子，这次我们的最重要目标是减肥。很显然，滞后性目标就是反映在体重秤上的体重值。如果套用标准格式的话，你可以将之确定为："在5月30日之前将体重从190斤减少到175斤。"这个开头很好，但既可以预见成功又在你的掌控之中的引领性指标是什么呢？你可能会选择节食和运动。恭喜你，这两个答案都是正确的！

这两个指标都符合引领性指标的预见性特征，一个是减少能量的摄取，一个是增加能量的消耗，都预示着体重的减少。同时，这两个指标也是完全可以由你自己把握的。只要能坚持做好这两个引领性指标，不管日常事务有多少，你最终会发现自己的体重发生变化。

引领性指标可能和直觉相悖

关于引领性指标还有一个问题。领导们所关注的通常都是什么样的指标呢，引领性指标还是滞后性指标？作为一个领导者，你可能把全部的精力都放在那些根本不可能直接影响到的滞后性目标上了。当然，你也并非个例。可以回想一下最近一次开会，其他的领导们忙着讨论、分析、计划、折腾的都是些什么？还是滞后性指标，尽管你们根本无法去直接改变它们。

举例来说，一个小学老师很容易通过考试成绩来衡量学生们的阅读水平。他们经常会纠结于这些滞后性指标，但是，什么样的引领性指标才能预见性地提高学生们的阅读水平呢？这个就难了。一个学校或许会聘用专业老师，或许给学生们提供更多的阅读时间。如果这个学校还能跟踪记录学生们的阅读时间，或者接受辅导的时间的话（这两者都是引领性指标），就比只是祈祷学生们下次成绩自动提升（滞后性指标）好多了。

我们在生活的方方面面都可以看到这种现象。销售经理只关心销售总额，客服经理只关心客户满意度，家长只关心孩子的考试成绩，减肥的人们只关心体重数字，然而，在大多数情况下，这种只关心滞后性指标的做法只会带来失败。

但是几乎所有领导都这么做，这有两个原因。第一，滞后性指标是直接衡量成功与否的指标，也是必须达到的指标。第二，相比引领性指标，滞后性指标的数据往往更容易获得，也更加直观。站在体重秤上称一下体重很容易，计算每天摄入消耗了多少大卡能量可就难了。引领性指标的数据往往难以获得，但是坚持去获取它们才会带来真正的效益。

这里有必要提醒一下读者：注意！千万别试图把我们说的简单化！

如果你有类似这样的想法“你说的也不过就是，如果想要减肥，就得节制饮食并且增加运动，这有什么好稀奇的？”，那么，你就错过了原则2的精髓所在。

光是明白节食和运动的重要性，与真正去计算自己每天摄入了多少能量，燃烧了多少能量，这两者的区别还是很大的。每个人都知道，减肥应该节制饮食增加运动，但是有多少人能够坚持每天记录自己摄入和消耗的能量呢？但最终能减肥成功的也就是这些人了。

最后，我们必须要说，正是那些引领性指标的数据改变了最终结果，使你能够弥补理想和现实之间的鸿沟。没有这些引领性指标的话，你就只会去反复纠结于那些滞后性指标，那样将很难成功。

管理学大师爱德华兹·戴明对此内涵的解释尤为精辟，他对那些公司高管们说：**“只靠财务数据**（滞后性指标）**去管理一家公司，就像仅依靠后视镜开车一样难以成功。”**

引领性指标还可以减少专注于滞后性指标可能带来的吃惊错愕。你可以想象这样一幅画面：你和你的团队正在努力为提高客户满意度服务，这是你们最重要的业绩指标和奖金依据。最新的客户满意度打分表就在你的收件箱里，就像我们一个客户所说的那样，你看到打分表后的反应不外乎两种，一种是“哦！好酷”，另一种就是“哦！天呐！不……”但是不论哪种反应，你都不会再有机会去改变结果。这个客户同时总结道：“如果在你的事业中运气占了很大比重，那就说明你关注的仅仅是滞后性指标。”

我们完全同意他的说法。

相反，假设你一直在跟踪两个有关客户满意度的引领性指标，而且在过去的三周里，你和你的团队在这些指标上做得都很好的话，你觉得当一封最新的客户满意度调查表到来时，你的工作会受到多大影响呢？显然，这样一步一个脚印，就好像你天天都记录摄入消耗的卡路里一样，当站到体重秤上的时候，自然能够估计出体重（滞后性指标）会有多大的变化。

如何找到引领性指标

“到12月31日之前，将瓶装水的年产量从1.75亿升提高到1.85亿升。”这是一家大型饮料公司的瓶装水分公司的最重要目标。当我们开始和这家分公司负责生产工厂的经理合作时，他已经连续好几年都在发愁，如何才能达到预期的年产量目标，这位经理迫切地需要找到能够切实带动年产量增加的引领性指标。

于是，我们先询问他们，在他们眼中，怎样的指标才算是好的、能提高年产量的引领性指标？

“月产量！”他回答得很干脆。

不好意思，我们必须得说出来：这个指标不好使。

“为什么不好使？”这个工厂经理又困惑了，“如果我们每个月都能达到当月的产量指标，那么完成全年的指标也就不在话下了呀！对不对？”

“根据月产量可以预见到年产量，这当然没错。”我们回答说，“但问题在于，和年产量相比，月产量指标也没有什么影响力呀？你们只是找到了一个比年产量指标获取数据更频繁的滞后性指标，但它仍然是个滞后性指标。”

这段对话很具有普遍意义。当一个团队第一次试图去定位自己的引领性指标时，往往会和这个工厂经理一样，不能很快找到恰当的指标。

为了给他提供帮助，我们问他，他所理解的月产量还有没有引领性指标？

“每天的日产量！”他回答道。

我们意识到，谈话遇到瓶颈了，而且将一直持续到这位经理的突然醒悟。

“我明白了！”他兴奋地喊道，“我终于明白引领性指标应该是什么了！”他一边在房间里踱来踱去，一边解释说，“我们的员工经常不能满员轮班工作，机器也由于检修经常停工，这是两个影响我们产量提高的最大因素！”

这下，我们终于取得了进展！

当时在座的每一个人都同意他的判断。虽然依然缺少有用的引领性指标——他们需要把员工上工率和预防性检修转化为实实在在的数据——但是他们已经有主意了。很快，他们就确定了第一个引领性指标，将员工的轮班上工率从80%提高到95%。第二个指标看起来就更加简单了，将预防性检修计划的落实程度从72%提高到100%。

他们策略的关键在于，如果能够提高上工率，并减少机器停工时间的话，工厂的产量就可以得到提升。在后续的几个月里，该团队克服日常事务的阻扰，向这两个引领性指标倾注了大量的人力物力，而他们得到的结果是，增加的产量也大大超出预期。

滞后性指标	引领性指标
衡量最终目标。	**预见性** 衡量可以达到最终目标的事物。 **可控性** 可以被我们影响。
年产量。	全员轮班上工率； 预防性检修计划的落实程度。

这是一个很好的描述如何确定引领性指标的例子，但同时也可以帮助我们来理解另一个重要方面。我们参加这个项目的顾问对该厂的最终结果表示欣赏，但他也提出一个重要的问题："为什么你们之前没有做好这两件事情呢？"

他的意思很明白，这两个指标都不是顾问公司想出来的。工厂领导显然早就知道轮班上工率和落实预防性检修计划对工厂的重要性，但是尽管知道，他们却没有做到，这是为什么？

和大多数团队一样，他们的问题不在于不知道，而在于没有集中精力去做。工厂里有大把的事情需要去处理、去关注，而不只有员工轮班和预防性检修两件事需要做。当他们试图去做好每一件事情时，就陷入了日常事务的泥潭中。他们每天都把精力平均分配给很多需要处理的事情，想要把所有事情都应付好，但结果往往是什么都处理不好，和我们之前举的例子一样，就像在十根指头上平均用力，要同时往纸上戳十个洞一样费力。

显然，这个问题并不是这家工厂的特例。如果允许我们跟随你工作几天的话，几乎可以肯定会发现两种行为。第一，你大部分的时间和精力都会花费在处理日常事务上；第二，你剩余的大部分时间里都在为一些滞后性指标而着急。问题就在于，这两种行为虽然会消耗大量的时间和精力，产出效益却很低，而你最需要的，却是有着杠杆作用般高效益的关键行为。

引领性指标的秘密就在于此：杠杆作用。我们可以这样来想，奔向你的最重要目标的过程就像推巨石一样，尽管你用尽了全身力气，却依然推不动它，这时就不能单纯靠气力了。引领性指标就像杠杆一样，可以帮助你们推动这块巨石。

现在我们来讨论杠杆的两个主要特征。第一，和巨石不一样，我们可以撬动杠杆，这是可控性；第二，撬动杠杆的话，巨石也就被推动了，这是预见性。

那么，怎样才能选到合适的杠杆呢？

选择你认为对达成最重要目标影响最大的行为——决定80%结果的那20%的行为。你做的事情中，哪些才是杠杆作用最明显的那20%呢？用企业家、专业顾问里奇和科赫的话来说："在日常业务中，大量的行为是毫无意义、考虑不周全、导向错误、徒劳无功的，只有小部分行为是真正能带来突出效益的。这可能和你想的不一样，成功只会潜藏在一小部分有效的行为之中。"

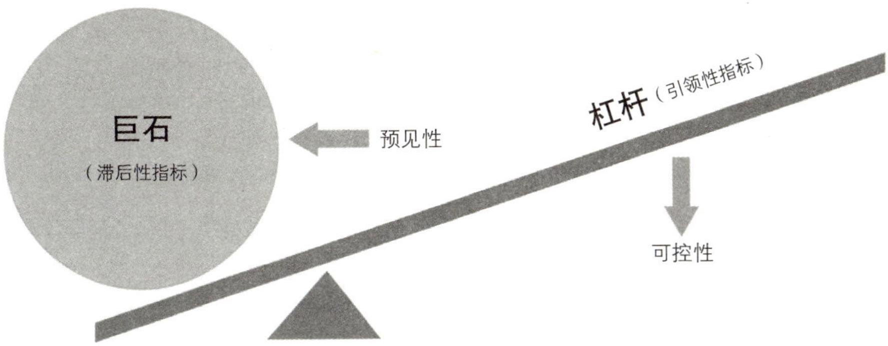

对于想要去实现一个最重要目标的领导来说，如何从各种可能中找到合适的杠杆，可能是最为困难，也是最耐人寻味的事情。

在靠近亚特兰大的菲普斯购物广场，一家高端百货公司面临着来自新竞争者的巨大压力。两家全国连锁商店和一些折扣店最近将业务延伸到了该地区，百货公司前一年的收益率降低了8个百分点。

怎样才能扭转颓势呢？

引入高效执行4原则之后，该公司经理只确定了一个最重要目标，就是通过提高每笔交易平均成交值来保持住前一年的收益水平。

公司的所有11个部门都投入进来了，但是他们没有恰当的引领性指标，提供足够的杠杆作用来驱动最重要目标。在完成年度滞后性目标的压力之下，经理们向每一个人高喊："去卖更多的货！卖更多的货！"他们的全部精力都被倾注在提升交易平均值上面，而这是一个滞后性指标，却没有任何新的采取不同行为习惯的想法。

卖鞋部门的经理想要做得比其他部门更好，于是找到我们来咨询。为了找到合适的杠杆，我们问道："说说你们的员工，他们都是怎样卖鞋的呢？"

经理谈了他手下最好的一个售货员的情况，这个女售货员的销售量是其他售货员的三倍之多。然后我们问道：“她的做法和别人有何不同呢？”

经理马上就意识到她的做法有何特殊了。她会完全把自己投入到顾客的世界里去，留意顾客的衣着打扮，和顾客拉家常，了解他们的需求。她还会一下子拿出六双鞋来给顾客挑选，而不是一双。她会说：“现在到春天了，这双凉鞋怎么样？我发现你的古驰包包真的和这几双鞋很搭哎！你喜欢红色的吗？看看这几双怎么样？”

而且，不像其他售货员询问顾客是否愿意购买然后遭到拒绝，这位优秀的售货员会简单地圈定这单生意，说：“您若是办理会员的话，今天就可以享受九折优惠，您只需要在这里签个字。”

这给了我们启发，“你的售货员有多少人会这样做呢？他们一天又会拿出来多少双鞋展示给顾客看呢？”

“我也不知道，我们的系统无法统计这些数据。”这位经理回答道。

“好，系统不能，但是并不意味着这些数据无法衡量。”

然后我们一起为卖鞋部门建立了一套操作标准，每位售货员都应该连续做好以下三件事：第一，向每位顾客至少展示4双鞋子；第二，写一张感谢条；第三，邀请每一位顾客办理会员卡。

“但是，我怎样才能知道他们是不是按照这样做了呢？”经理问。

“你不用担心，他们自己会照办的。”

在每个售货员的收银台后边放一张表格，她每对一位顾客做了这三件事，就在表格里打个勾就好。

“我怎么知道这是不是准确的？”经理问道，“万一他们虚报呢？”

我们相信这些售货员是值得信赖的，另外，撒谎的话最终也必然会被揭穿。每一位售货员的交易额都有记录，当这些引领性指标开始推动滞后性指标时，它们之间的关系就显而易见了。

结果如何呢？这个销售团队疯狂地聚焦在这三个引领性指标上，而且取得了杠杆作用般的效果。滞后性指标也开始回升，这说明这些引领性指标和滞后性指标的达成是具有直接联系的。后来，他们将这些做法推广到全公司，到年底，他们的收益不仅达到了原来预定的目标，还超出了两个百分点，在采取措施的三个月里，更是提高了10%。

对于那些经理来说，理解的大门向他们敞开了。

这些引领性指标对他们来说都不陌生。启发式销售早已不新鲜，但是他们过去不知道自己的团队成员是否真的这样做了，而我们知道这是可以衡量的。我们也意识到，那些有用的引领性指标往往就在那里放着，只不过大家都没去关注而已。管理者们只是在海量数据中游泳，却没有给予那些导致差异的数据充分的聚焦和关注，这其中的关键就在于要区分并持续地关注这些杠杆指标。

最后，经理们再也不需要呵斥员工们"表现好些"，他们可以看到，某个售货员平均一天给顾客展示一百双鞋还是三百双鞋。他们可以跟踪每个售货员的销售行为记录，像老师一样，观察售货员的行为，一起分享销售经验，教会他们怎样进行启发式销售。工作更细致认真了，成绩也就接踵而至了。

他们再也不会像从前那样进行管理了，当然，有时候可能还是需要花费很多努力才能确定，哪些引领性指标对达到最终目标最具杠杆作用。

一个耐人寻味的例子来自奥克兰运动家队，20世纪90年代美国职业棒球大联盟最穷的球队之一。这支球队的球场破旧，比赛上座率也很低，想签约大牌球星的梦想变得越来越遥不可及。

他们无法像富有的纽约扬基队一样为球员开出高薪，对方的预算是他们的五倍之多。

面对财务的压力，球迷们还在要求引进更好的球员。球队的总经理萨迪·奥德逊决定要去拯救这支球队，并且提高上座率，但是怎么做才好呢?

他知道，来看球的人们有着不同的原因，有的是来看球星的，有的是喜欢现场比赛的氛围，有的则只是来打发时间的，但是无论如何，人们总是喜欢观看强队的比赛，所以赢球才是关键。

于是，他扪心自问，什么才是真正使球队获胜的关键因素。之前没有人去认真考虑过这个问题，很多人认为拥有大牌球星的球队就可以赢球，但是，奥德逊想的是，是不是还有其他因素？

他和他的助理比利·比恩带着这个问题找到相关领域的专家，咨询什么因素才能带来胜利。答案当然是最高胜率，但是怎样才能精确增加得分呢？或者说，创造得分的引领性指标是什么呢？

这就是统计学家和计算机专家的工作了——他们要把一直以来被别人忽略的数据艰难地挖掘出来。他们发现强打手进行全垒打时并不总是很有效率，效率最高的是那些上垒的球员，他们一个接一个地进行垒打，他们的得分率比那些大家最重视的强打手要高得多，而好的强打手开价又很高。就像在寓言故事里一样，乌龟的总体效率高过了兔子。

奥德逊离开之后，比恩接任了经理职务。他首先组织了一次令人大跌眼镜的招聘，雇用的都是一些看起来很笨拙、最不被看好的球员，然后他支付的工资也就相应减少了。奥克兰球队一时间成了大家的笑料，比恩脑子是不是进水了！

然而，接下来，形势却发生了戏剧性的变化。令人无法想象的是，奥克兰队居然又开始赢球了！全联盟最穷、最烂的球队，居然夺得了赛区冠军！第二年，他们成功卫冕。很快，他们就瞄准了强大的纽约扬基队，去争取最终冠军。尽管他们功亏一篑屈居亚军，但是，他们已经击败了好多比他们有钱、比他们的球员更有天分的球队，这已经足够令人震惊。在胜利的鼓舞下，球迷们回来了。从此之后，奥克兰小小的运动场，场场都爆满。

在长达十年的时间里，奥克兰队以全联盟30支球队中排名第24位的球员薪酬，维持了第5名的出色战绩。

比恩所做的，就是跟踪联盟球员的上垒率，然后去聘用最善于上垒的球员。这些人不是大球星，不怎么出名，也不需要花大价钱，但他们都是值得信赖的上垒好手。上垒是得分的最佳方式，而在棒球比赛中，得分就意味着胜利。

奥克兰队的管理团队通过抓住引领性指标取得胜利，重新定义了人们对棒球比赛的认识。经过艰难的探索，他们研究了海量的统计数据，终于分析出了得分制胜的关键因素，发现了最为关键，而别人却从未留意到的引领性指标。

这个激荡人心的大逆转故事后来被拍摄成了一部著名的电影——《点球成金》。

在过去的几年里，我们目睹了上千名领导，他们掌握了执行的这个诀窍，集中精力在能带动引领性指标的关键点上发力，从而取得成功。如果你也有这样一个最重要目标要完成，就需要这样一个或许起杠杆作用的、具有预见性和可控性的引领性指标。目标越大，你需要的杠杆作用就越强。

如何跟踪引领性指标的数据

年轻兄弟集团是美国亚利桑那州的一家建筑公司，该公司面临的最大的一个问题就是，不断增加的意外事故和意外伤害发生率。发生事故不仅仅意味着有员工受伤，它还会导致工期紧迫的工程延期，增加工程的不确定性，降低公司的安全等级，等等。因此，降低事故发生率成为公司上下最关注的事情，所以他们很容易就找到了自己的最重要目标——在年底前将事故发生率由7%降到1%。

在最重要目标确定之后，他们接下来就应该确定，什么才是对降低事故率影响最大的人为可控因素，并以此作为最重要目标。

他们最初的想法是进行更多的安全培训。这对降低事故率会有很大影响，同时让每个员工去参加安全培训也不是什么难事，但是领导最终否决了这个提议，因为他们的员工都已经接受过大量的安全培训。他们觉得，再增加几个小时的培训时间，不见得就能继续降低事故发生率。

然后，年轻兄弟公司的管理层再次认真思考导致安全事故发生的主要因素，并提出了一种新观念作为他们的引领性指标——严格遵守安全守则。他们决定以六个标准来衡量是否遵守了安全守则——穿戴安全帽、手套、靴子和安全眼镜，使用脚手架和屋架来防止工人从屋顶上掉下来。他们认定，严格遵守这六条守则能有效减少事故发生，同时也是可以人为做到的。

在严格坚持安全守则一年之后，年轻兄弟公司的事故发生率降到了公司创建30年来的最低水平，但是这一结果来之不易。

滞后性指标	引领性指标
衡量最终目标。	**预见性** 衡量可以达到最终目标的事物。 **可控性** 可以被我们所影响。
每月安全情况。	严格遵守六条关键安全守则。

他们的引领性指标面临的最大问题就是，如何获得指标数据。作为滞后性指标的事故次数或受伤人数都很容易在每周进行统计，但是想要知道每个员工是否遵守安全守则，就必须坚持进行实地观察才行。

这意味着公司的管理者必须对大量的工人进行检查，看他们是否按要求穿戴了安全帽、手套、靴子和眼罩，检查脚手架和屋架是不是按照要求在指定位置安全架设。他们还不得不同时承受大量其他分心的事务，转包商是否有问题，物资是否按时抵达，客户有何要求，天气如何，等等。在大量的日常事务中，检查是否遵守安全守则对公司的必要性显得并不是那么突出，但是，因为他们将降低事故率作为最重要目标，而将严格遵守安全守则作为推动目标达成的引领性指标，他们就要日复一日地坚持好这项工作。

这个故事告诉我们，引领性指标的数据往往比滞后性指标的数据更难以获得，但为此付出代价也是值得的。我们经常会看到一些团队在紧张的奋战之后叫苦说："哇！光是采集这些数据就是一项大工程，我们太忙了，没空做这些事情。"然后放弃了他们的引领性指标，但是如果你对自己的最重要目标是严肃认真的，你就必须要想办法去跟踪这些指标。没有数据，你就无法带动引领性指标的提升；没有引领性指标，你就失去了发挥杠杆作用的良机。

每一架航班的最重要目标都是安全抵达，尽管现在飞行已经很安全了，但它并不是从来都如此安全的。在20世纪30年代，许多严重的坠机事故都是因为飞行员的失误引发的。在1935年，美国空军一位非常有经验的试飞员，皮特·希尔少校就因为在起飞前忘记解锁升降舵，从而使当时世界上最大的飞机坠毁。

由于这些事故的发生，飞行员们一起研究、制定了一份详细的飞行前检查清单作为他们的引领性指标，此后，由于飞行员失误导致的坠机事件就越来越少了。到现在，飞行前检查清单已经成为了安全飞行最重要的预见性指标。

飞行前检查清单对于我们所说的杠杆作用是一个绝妙的例子。进行这些检查只需要几分钟时间，但是带来的安全效益是巨大的。按照清单进行全面检查则是引领性指标的一个好例子，因为这个检查既对安全抵达具有预见性，同时飞行员也完全可控。

一旦你和你的团队开始运用原则2时，就会对原则1的聚焦目标有更加深刻的体会。在日常事务的纷杂之中，跟踪好一个最重要目标的引领性指标就已经是巨大的挑战了。那些坚持要同时做好两个以上最重要目标的领导者，在真正理解原则2的引领性指标之后，或许会改变主意。

引领性指标带来更多的投入

一旦一个团队明确了他们的引领性目标，他们看待目标的态度就会发生变化。

我们不妨看看一家百货商场经理贝丝·伍德的故事，她给商场制定的目标是提高年度销售额。

贝丝将她的面包店经理鲍勃叫来，想要获得他对此目标的支持，来提高日渐下滑的销售额。

鲍勃是一个脾气很好的人，一般在这样的情况下他总是会说："好的，贝丝，我很乐意帮助你。"即使他也不知道该怎样做才能提高销售额。但是这一天，鲍勃的忍耐达到了极限，他不再应声附和了。

"你想要提高销售额？"他讽刺道，"你自己努力吧，贝丝！"

贝丝被鲍勃的反应吓了一跳，但她很快说："鲍勃，你看，我不可能一个人做好这件事的。你比我离客户更近，和员工们也更近。"

这下，鲍勃真的垂头丧气了，他说："你到底想要我干什么？我总不可能把大街上的人拖到商场里来购物吧？我只是负责面包店而已。如果你想吃百吉饼的话，我倒很乐意效劳。"

如果你不了解贝丝和鲍勃之间的关系的话，就可能会认为鲍勃脾气不好，或者不尊重贝丝，或者干脆就是个偷懒鬼。

但事实并非如此。

鲍勃很尊重贝丝，他也希望能够帮助她提高商场的业绩，但是他受两件事的制约：第一，他不知道该怎么做；第二，他不认为自己能够做到。鲍勃此时脑子里想的是："我们是一家30年的老商场，而同一条大街上新进驻了一家沃尔玛超市。我们在路口的位置也不好，即使人们看到我们的招牌了，也得左转才能来到我们商场。在这样的情况下，贝丝居然还想要我提高销售额？"

鲍勃继续说："如果有办法提高销售额的话，你觉得我会不去做吗？我还会把好主意藏着等你来问？"

如果你知道了鲍勃的观点，就会更好地理解他对这个令人沮丧形势的反应了。鲍勃代表了一大批这样的人：他们能看到阻碍前进的巨石，却找不到可以撬动巨石的杠杆。

现在，让我们来重演一次这个场景，但是这一次，贝丝将会使用一个引领性指标来驱动目标。她将手下所有的经理召集在一起，然后问大家："在保持现有日常运转的基础上，你们团队可以做的哪件事最能促进销售呢？"实际上，她是在问他们哪种可控的行为对提高销售额的可能贡献度最大，但是这次聚焦非常精确。

他们开始进行热烈的讨论，比如提升客户服务，改善商场设施，或者提供更多的试用装，等等。经过了多次反复激烈的讨论之后，他们最终达成一致，最能提高销售额的事情就是降低缺货率。

降低缺货率的引领性指标对提高商场销售额具有很强的预见性，这是零售行业的公认真理。同样重要的是，缺货率是可控性极强的引领性指标。现在，鲍勃知道自己的面包店该做些什么了，即降低他的团队可以影响的缺货率。他们可以更频繁地去检查哪些商品已经卖光了，可以重新优化后厨的空间布局，从而能够更快将新货上架，他们还可以改变每次上架商品的频率和数量。换句话说，他和他的团队是可以做到这些事情的，现在鲍勃已经完全投入其中了。

滞后性指标	引领性指标
衡量最终目标。	**预见性** 衡量可以达到最终目标的事物。 **可控性** 可以被我们所影响。
每月销售额。	货架缺货率。

每当一个团队制订他们的引领性指标时，他们都是在进行战略下注。

在某种意义上，他们在说："我们敢打赌，通过拉动这些引领性指标，可以最终到达我们的最重要目标。"他们相信这个杠杆将会撬动巨石，因为他们的信念和投入。

原则3和原则4是用来帮助团队将精力投入于拉动引领性指标的，尽管如此，原则2中，真正好的引领性指标的影响和美妙之处还在于，它能将你的团队和将要奋斗的最重要目标紧密结合在一起，并且最终会将一个团队希望的前景变为现实。

从合适的引领性指标起步，有助于让团队的每个人发现自己的战略价值，并全身心投入于团队的讨论中去，一起确定哪些事情最终会有助于达成最重要目标。

这方面的一个典型例子来自《草原晨报》的广告部，这是一家美国南部的著名报纸。当我们和他们首次接触的时候，他们的最重要目标就是提高一系列收益。问题在于，他们陷入了同时追逐所有目标的陷阱之中，包括推出新的广告产品、在日报中夹送广告，等等，总之尽一切努力想要去提高收益。他们的焦点分散于在众多的新产品，以至于减少了放在主打产品上的精力，效果并不理想。在我们的指导下，他们从原则1开始，制定了一个最重要目标，把焦点重新放回他们的核心产品上来增加广告收入。

在开始运用原则2对引领性指标发力之后，一切都发生了改变。团队的每一个成员都参加了讨论，对比一系列的方案之后，他们最终达成三点共识：拓展新客户，比如还没有做过报纸广告的潜在广告商；给已经连续六个月没有在这份报纸上做广告的客户打电话反映情况；寻找广告增值方法，比如增加广告字幅的颜色，给同一条广告更好更大的版面，增加现有客户的广告额度。

实际上，这个计划不仅仅是一般的引领性指标，在每周的例会上，人们计划下周要联系多少家新客户、打多少个电话、发送多少份增值建议书，并在下一周汇报结果。每个销售人员不只更加高效地处理他们自己的业务，相互之间的沟通也越来越多，不断交流营销技巧、改善措施，以及克服障碍的方法。

这家报社广告总监说："我从事这个行业20年了。在我的整个职业生涯里，几乎都在盯着那些滞后性目标冲员工发火。"这下，她第一次找到了帮助员工达到销售目标的实实在在的方法，这家报社当年就达到了原定的收益目标。坚持在正确的引领性指标上发力，使一切皆有可能。基于她的巨大成功，该报社的母公司，莫里斯通讯社，将高效执行4原则在他们下属的40多家报纸进行了推广。

我们将在第二部分更多地讨论如何选择正确的引领性指标。

Discipline 3

原则3

坚持激励性记分表

Keep a Compelling Scoreboard

这是一条激励士气的原则。

高效执行4原则的第三条原则是确保每个人都能随时获知自己的成绩，这样他们才知道自己是领先了还是落后了。

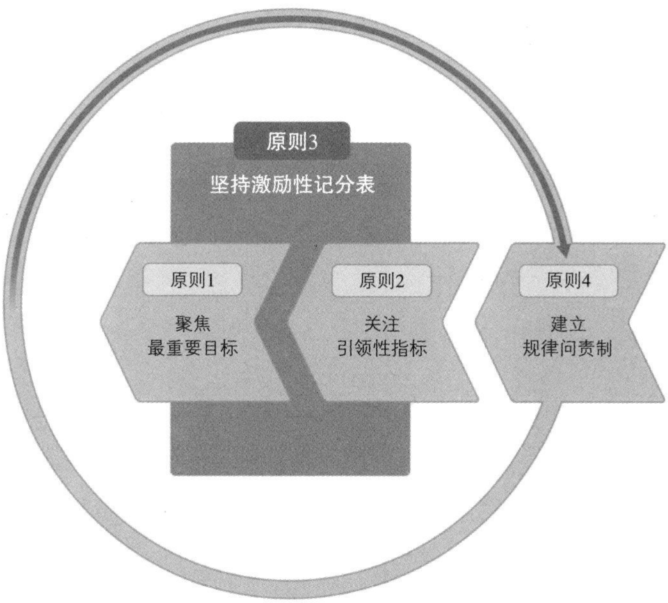

记住，当面对成绩时，人们的表现将会发生变化。

一个只知道滞后性指标和引领性指标的概念的团队和一个随时知道自己量化成绩的团队，其表现有着天壤之别。如果一个最重要目标的滞后性指标和引领性指标，都不能以显著的方式进行实时量化的话，它们早晚会被繁琐的日常事务湮没。简单点说，当人们不知道自己所做事情的成效时，就会对其逐渐失去兴趣，但是如果能一眼看到自己做得好不好，他们就会加倍投入。

原则3就是要将该策略运用到你的团队当中，将他们完成的引领性指标和滞后性指标全部转换为看得见、摸得着的量化成绩。

几年前，我们和美国著名的军工厂商诺思罗普·格鲁曼公司合作，他们将高效执行4原则运用到海岸警卫队快艇的设计与制造工程中去。我们的合作开始于卡特里娜飓风发生后不久，当时他们的造船设施受到了很大的破坏。在谈到原则3的时候，他们为我们提供了一个故事，可以完美地阐述拥有一个激励性记分表的重要性。

在我们到来的前一个晚上，那天是周五，当地的高中橄榄球队有一场重要比赛。和大家预期的一样，观众席上人山人海，开球之后一片加油助威声，但是随着比赛的进行，事情有点不对劲了，观众们都不再大声呐喊了。实际上，几乎所有观众都对比赛显得心不在焉了，人们只能从观众席上听到隐隐约约的嘈杂声，到底发生了什么事情呢？

原来，记分板被飓风刮倒了，暂时还没有修复，球迷们什么数据都看不到。人们无法知道比分如何，比赛进行到什么地步了，甚至不知道还有多久终场。比赛还在进行当中，但是人们似乎都已经忘记了这场比赛。

这个故事一下就引起了我们的兴趣。你曾经有过这样的经历吗？在团队成员状态很差的时候，恨不得冲他们怒吼："你难道不明白吗？我们现在做的事情非常重要！"如果你有过这样的体会，那么当时你的团队所需要的和故事中球迷所缺少的是一样的——一个清晰而有竞争性的记分牌。

一个伟大的团队，在任何时候都知道自己的进展是否成功。如果不知道这一点的话，他们就无法知晓为了赢得胜利必须去做些什么。一个竞争性的记分

进攻，还有他们在每一次进球之后的欢呼，这些都是一个完全投入的团队的表现。只有在比赛有意义的时候，他们才会发挥出这样的水平，或者说，只有在有比分的时候，才能激发出他们这样的斗志。

如果你的记分表里包罗万象，复杂的数据只有你自己才能看懂，那是教练型记分表，代表的是领导的比赛，而对于提高团队的士气和表现来说，你需要选手型记分表，这代表的是每个成员的比赛。高效执行4原则的创始人之一，吉姆·斯图尔特有句话说得好：“选手型记分表的根本意义在于，它能激发每个团队成员的斗志。”

我们在本节开头就明确阐述了一个观点，人们在有记分的时候表现会更上一层楼。现在，我们有必要再加以强调，人们在为自己记分的时候会表现得更好。这和你给他们记分的感觉是完全不同的，当团队成员自己记分时，才会真正理解自己的表现和想要达到目标之间的关系，这将完全改变他们参与的士气。

当每个人都可以看到记分成绩的时候，团队的士气就会上升，不仅是因为他们可以看到怎样表现有效果，还需要怎样调整，更因为他们想要取得胜利。

你可以在下表中看到教练型记分表和选手型记分表的区别。

总收益							毛利润							税前利润						
2/12	预算	差值	2/8	差值	2007	差值	2/12	预算	差值	2/8	差值	2007	差值	2/12	预算	差值	2/8	差值	2007	差值
0	0	0	0	0	0	0	0	0	0	143	（143）	0	0	0	0	0	143	（143）	0	0
0	53	（54）	182	（183）	1	（2）	（0）	35	（35）	0	（0）	1	（2）	（86）	（49）	（37）	（84）	（2）	（114）	28
0	0	0	0	0	0	0	0	0	0	0	0	0	0	（61）	（65）	4	（73）	12	（11）	（51）
1008	1080	71	1150	（142）	1146	（137）	699	754	（55）	812	（113）	892	（193）	384	384	1	439	（54）	530	（146）
		-6.6%		-12.3%		-12%	69.3%	69.9%	-7.3%	70.6%	-13.9%	77.9%	-21.6%	38.1%	35.5%	0.2%	38.1%	-12.4%	46.3%	-27.5%
699	843	（144）	700	1	963	（264）	486	594	（108）	498	（12）	730	（245）	242	297	（56）	218	24	392	（151）
		-17.1%		-0.2%		-27.4%	69.5%	70.4%	-18.2%	71.1%	-2.4%	75.8%	-33.5%	34.6%	35.3%	-18.8%	31.1%	10.8%	40.7%	-38.5%
592	682	90	524	68	613	（21）	422	483	（60）	361	62	459	（36）	260	276	（16）	187	73	270	（10）
		-13.1%		13.0%		-3.4%	71.3%	70.8%	-12.5%	68.9%	17.1%	7.8%	-7.9%	43.9%	40.5%	-5.7%	35.8%	38.9%	44.0%	-3.5%
879	937	（58）	840	39	828	51	607	695	（88）	582	25	539	68	354	370	（16）	292	62	235	119

教练型记分表样式，各种数据丰富，但是它需要认真研究之后才能看明白现在这个团队进展如何，是超前了还是落后了。

最重要目标（WIG）

12月31日前将公司收益从2200万美元提高到3100万美元。

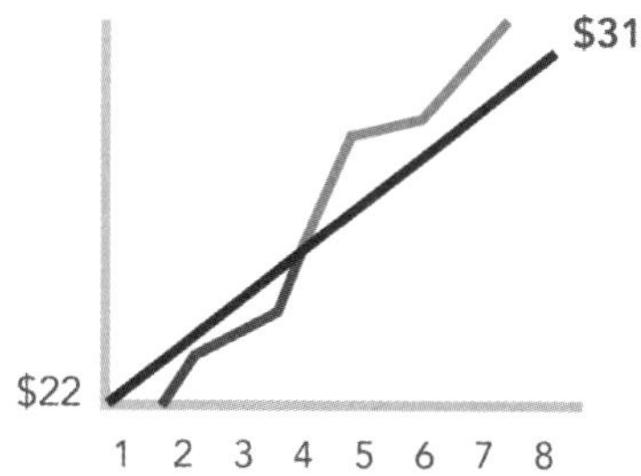

引领性指标

每位副总监每周完成两次现场质量检测。

副总监	1	2	3	4	5	6	7	平均
吉姆	1	1	2	2	4	×	×	2
鲍勃	2	2	3	2	×	×	3	2.4
卡恩	1	3	2	×	×	2	2	2
杰夫	0	0	×	×	1	1	1	0.6
艾米丽	3	×	×	4	3	2	4	2.8
理查德	×	×	2	2	2	4	4	2.8
贝丝	×	1	2	5	2	4	×	2.8
总计	7	7	11	15	12	13	14	2.3

引领性指标

在我们所有业务中追加90%的增值业务包。

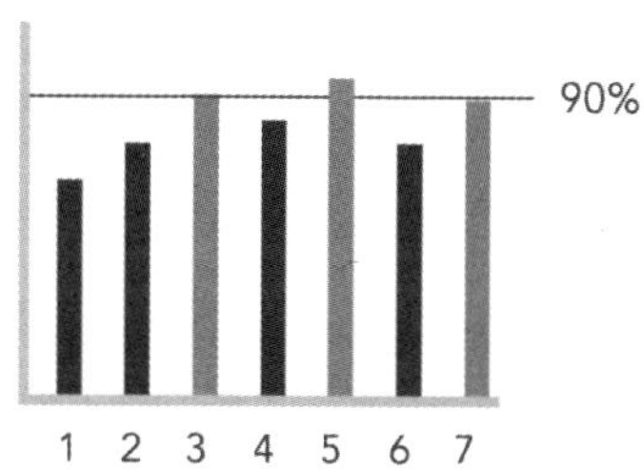

在选手型记分表中，目标就是增加收益，用黑线来表示，灰线则代表实际表现。这样，团队成员在任何时候都可以看到他们是否超前于预定进度了。

所以，选手型记分表对于激励团队成员夺取胜利的士气，有着至关重要的作用。

建立激励性的选手型记分表

每当看到一个记分表，需要确定它是不是激励性的选手型记分表时，我们总会问这样四个问题：

1. 它是否简单？必须简单才行。我们可以想一想足球比赛的记分表，通常只有6个数据在上面显示：比分、时间、上下半场、罚下场人数和犯规次数，以及比赛剩余时间。然后，再想一想赛场边上的教练需要跟踪多少数据，带球距离、传球成功率、配合次数、传球分布，甚至还有控球时间和弃踢码数，等等，清单几乎可以排得很长。教练们需要这些详细数据，以便控制比赛，但是赛场上的记分牌，只需要显示比赛进行的必要数据。

2. 它是否显而易见？它必须能被每个团队成员看到。就像足球场上的记分牌一样，它是那么显眼，字体也很大，任何人只要瞟一眼就可以知道哪一方在占据上风。如果你的记分表只是藏在自己的办公电脑里，或者办公室的门后的话，那它就脱离了大家的视线，起不到相应的作用。记住，你们需要一直和繁琐的日常事务作斗争，这绝对是个难缠的对手。如果没有一个醒目的记分表催促的话，你们就会在几周甚至几天之内，在无数的日常紧急事务的冲击下，把所有最重要目标和引领性指标忘得一干二净。

显而易见的记分表还可以增强人们的责任感，因为每一个人都可以从记分牌上看到自己对团队做出的贡献，我们在实践中已经多次发现这样的现象。在密歇根的一家果汁灌装厂，一个班次员工集体主动放弃午休，只为了增加他们的出货量，从而推动记分牌上数字的进步，超过其他班次的成绩。在另外一个事例里，我们看到夜班的工人们一直工作到深夜，工作结束的时候，他们做的第一件事就是抬头看记分表，看自己团队与白班的团队相比做得如何。如果你的团队现在找不到方向，你就应该让大家随时可以在电脑或手机上看到你们的记分表。

3. 它展示的是引领性指标还是滞后性指标？一个好的记分表，应该能同时展示这两类指标，这有助于使记分表更有活力。引领性指标是团队可以影响的，滞后性指标是大家最终想要达到的。一个团队需要同时能够看到这两者，不然就很容易失去兴趣。只有能够同时看到这两者的时候，他们才能体会到整个事务的点滴进展。他们可以看到自己做了哪些（引领性指标），得到了哪些（滞后性指标）。一旦人们发现由于自己在引领性指标上的努力带动了滞后性指标的前进，他们就会感觉到自己对达成最终目标有着直接的影响，然后全身心地投入其中。

4. 能否一眼从记分表上看出是否取得了胜利？一个好的记分表必须是这样的，人们只要扫一眼，就可以判断出自己是胜利了还是失败了。如果人们看后都判断不出自己的胜败，那只能叫作数据，不能叫作记分。在你下一次分发报告、图表或者记分表之前，先看一看它们是否满足了这个条件。你可以试着扫一眼每周的财务数据，你能马上说出来成功还是失败吗？别人一眼能看出来吗？我们称之为五秒钟定律。如果你五秒钟之内都无法从中看出成败的话，就通不过本项测试。

下面这个简单的例子来自我们的一个客户，这是一家为户外用品商提供展销会的商务管理公司。最重要目标就是，到一定的日期之前预定一定数量的参展商。

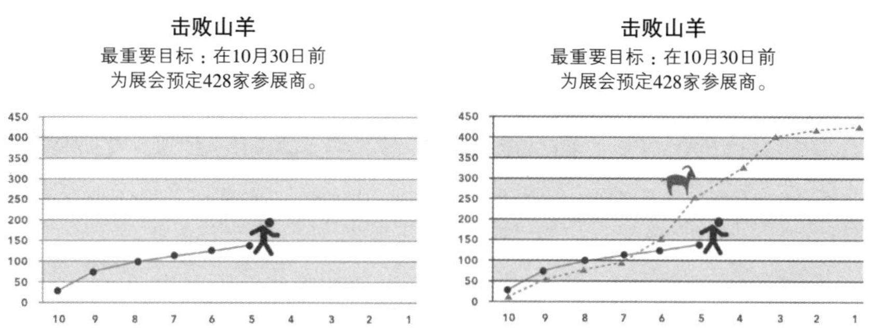

在左边的记分表上，你可以看到这个团队的实际进展情况，但是你看不出他们的实际情况是超前了还是落后了。这一点需要知道两件事：预定计划和实际情况。

在右边的表中，不同之处就在于多了这个团队应该进展到什么程度，用山羊来表示的那条线。由于他们的很多客户都是登山队，因此用山羊来表示每周需要达到的进度。这下，你就可以很容易看出现在的情况了，他们落后了。你还可以看出他们已经落后多久了（两周），还看得出要完成预定目标可能是越来越难了。你可以看出他们的表现已经趋于平稳，而不是快速攀升状态，并且，他们的计划时间已经过去了一大半。

每当我们在咨询项目中，要求合作的领导们提供这样的数据材料时，很多人都会回答说：“没有问题，但是，我需要几分钟时间来整理数据。”值得注意的是，这些都是有能力的领导。他们的问题不是缺乏数据，而是数据太多，而且缺乏那么一点点去分辨哪些数据最重要的意识。

你可以想象一下，如果整个团队都像你一样清晰地了解团队的工作状况，他们的士气会有多大的提升？不必怀疑，在积累了数千个高效执行4原则的实例经验之后，我们可以向你保证这一点。

和原则1、2一样，原则3也不符合多数领导的直觉。一般人不会自觉去建立选手型记分表，人们更倾向于创建一个教练型记分表，复杂的表格里边有大量的数据、分析和展望，这样的记分表不是给每个人看的，它只是给领导看的。在大多数组织中，我们都极少看到仅仅一张简单的表格可以满足刚才的四个条件。

但是说到底，实际上并非是这个记分表本身具有激励性。尽管各个团队都喜欢去创建自己的记分表，而且最终看上去带动了人们的士气。就好像你永远不会听到球迷们说：“你看昨晚的比赛了吗？记分牌好炫呀！”记分表是必要的，但吸引球迷的永远是比赛本身。

生活中的各种琐事导致的最令人沮丧的结果莫过于，你们感觉不到自己有胜利的可能。如果你的团队正在和日常琐事进行

LINK:http://www.franklincovey.com/Solutions/Execution

请用安卓手机或iPhone扫描二维码观看选手型记分表的例子

艰难的斗争，他们就会把所有资源全部投入到日常事务的运转中去。他们这时候不是在追求胜利，而是在避免失败，这两种心态导致的表现是有天壤之别的。

运用高效执行4原则，你不仅是在为你的团队创建一个比赛，而且是一个可以取胜的比赛。让比赛变得可以取胜的秘密，在于引领性指标和滞后性指标每天在记分牌上的影响。

从本质上来说，在这个比赛里，你和你的团队下了一个赌注，认为你们可以推动引领性指标，进而带动滞后性指标。当这个比赛开始时，即使是看似没多大兴趣的人也会全身心地投入团队工作，因为这个团队看起来会赢！有时候，这是他们第一次有这种将要胜利的感觉。请记住，他们的投入并不只是因为组织将要取得胜利、你这个领导将要取得胜利，而是他们自己将要取得胜利。

几年前，一个跨国制造业公司寻求我们的建议，来帮助他们一个效率低下的工厂提高产品质量。这个工厂很破旧，技术过时，位置也很偏远。我们坐了一整天飞机，又开车穿过一条加拿大的森林小路之后，才最终抵达这家工厂。

在过去的25年里，这家工厂从未达到过他们的生产目标，另外，他们的产品质量也很有问题，尤其是缺乏经验的夜班工人的产品，整体产品合格率只有70%，而公司其他工厂的平均值是80%。

然而采用了记分表之后，这一切发生了改变。如果说他们过去是在黑暗里工作的话，新的记分表就好像给他们开启了一盏明灯。数据是最清晰的，当胜利者拿出胜利的数据来时，他们同时也为失败者指明了一条通往胜利的道路。在这些明灯的指引下，他们可以知道哪些方面值得改进。

有一班工人在半夜工作，记分表上有他们和白班工人的成绩对比，这给了他们无论如何都要超过白班工人的能量。就像打冰球一样，在这个偏远的地方，这里除了两个冰球场之外再无其他娱乐设施。工人们知道自己会打冰球，还会在周末和别的班次的工人们一起喝酒聊天，所以他们都希望成为得分最高的队伍中的一员，哪怕是吹牛也有资本呀！

由于高效执行4原则有效激发了人们的竞争天性，这家工厂的产品质量从74%提高到了94%，远远超出公司的整体水平。另外，该工厂这一年的产量达到了创纪录的4000标准吨，比年度计划至少多收入了500万美元。

不论何时何地，哪怕是像这样处于森林深处的工厂，选手型记分表也是改变人们行为习惯的强大工具。

在第二部分中，我们将为你提供关于如何创建和维护一个激励性记分表的具体方法。

如何提升团队士气

我们很想说，事实上，并非从一开始我们就知道高效执行4原则和团队士气之间的内在联系，这条规律也是从实践中不断摸索出来的。当在全世界上千个团队中实施高效执行4原则时，我们发现，团队成员的士气和工作投入感都有很大的提升，尽管他们的最重要目标并不是这些。在介绍了这么多之后，读者可能觉得产生这样的副产品并不稀奇，但是对于当时的我们来说，的确是喜出望外。

富兰克林柯维公司在世界范围内的一个贡献就是，帮助大量的团队和个人提升了工作效率和士气。

很多人都认为士气可以带动成绩，我们也这样认为，但是，通过过去几年的实践观察和摸索，我们发现，成绩也会带动士气，尤其是当一个团队看到，他们的行为对结果产生的直接影响时。根据我们的经验，当一个人感觉自己正在走向成功，他的士气和对工作的投入感就将是无与伦比的。在很多事例中，迈向成功的感觉比其他任何手段都更能激发人们的士气和投入感。金钱，股份，工作环境，是否有好的同事，甚至是否喜欢自己的老板，都是影响士气的典型因素，但是为了金钱工作的人总有一天会发现，还有比金钱更重要的事情，况且，很多团队里都有不少待遇良好却表现平平的员工。

1968年，弗雷德里·赫伯格在《哈佛商业评论》上发表了题为“再来一次：你该如何激励员工？”的文章，在文中他指出了成绩与士气之间的强大联系：**“只有在工作能给予人们体验成就感的机会时，他们才会对这份工作感到舒心惬意，**

其士气也会得到最大的激励。”

43年后，在《哈佛商业评论》发表的另一篇文章《小成就的力量》中，作者特瑞莎·阿玛贝尔和史蒂夫·克雷默强调了成就与团队成员之间的重要关系：“因为取得进展而获得力量是人性的本能，但是很少有经理人理解这一点，或者有效地用每一点进步来激励士气。”

我们已经知道，使用记分表是提高员工士气的有效途径。一个激励性记分表不但可以拉动成绩，更可以通过看得见的点滴进步的力量，向团队成员灌输成功的心态。

如果你对成功能影响团队士气仍存怀疑的话，回想一下你自己的经历体会吧。你曾经对所从事的事情表现出最多兴奋和投入的时候，你早早起床工作、不肯再多睡一会儿的时候，你被认为做得最出色的时候，在那些时候，你是不是有种将要成功的感觉呢？如果你和大多数人一样，我想你的回答就会是：“是的。”

高效执行4原则使你能够建立一个可以取得成功的比赛。原则1使你收紧聚焦点到一个最重要目标，并为其设定期限。原则2创建了引领性指标，赋予了你的团队达到目标的杠杆力量。这也是称之为比赛的一个原因，一个团队在他们的引领性指标上下了赌注，但是，如果没有原则3的话，少了一个激励性选手型记分表，不但整个比赛都将被繁琐的日常事务所吞没，而且甚至没有人会及时意识到这一点。

一个正在走向成功的团队，不需要虚情假意地提振士气。所有通过心理暗示和口号号召提升士气的方法，都比不上通过出色完成一些关键目标对士气的提振效果更明显。

原则1、2、3是驱动执行力的有效工具，但是它们仅仅是故事的开始。前三个原则奠定了比赛的基础，但是你的团队还没有置身其中，这将是你下一步需要学习的。

Discipline 4

原则4

建立规律问责制

Create a Cadence of Accountability

高效执行4原则的第四条原则是，建立有规律的责任机制，即对过去表现和未来行为计划的有规律的周期性问责。

原则4是执行力真正发生的环节，就像我们前文所说，原则1、2、3建立了比赛框架，但在你运用原则4之前，你的团队并没有置身其中。

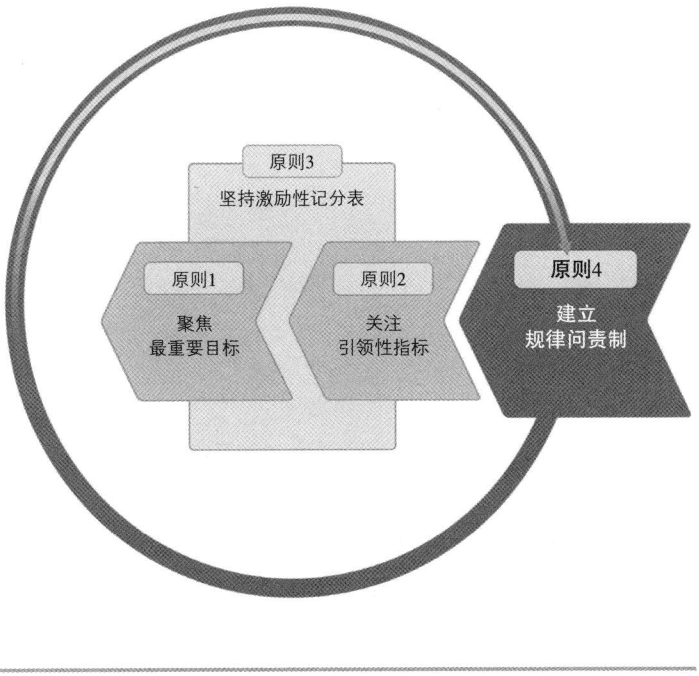

这条原则将团队成员凝聚到一起开展行动，这也是为什么在图中原则4环绕着其他三条原则的原因。

很多领导者将执行力简单地定义为，建立一个目标并达到目标的能力。在经历了多年的研究教学之后，我们可以告诉你，那是远远不够的，但是，就像前文所说，在繁重日常事务的迷雾中达到关键目标，确实是难得的稀有能力。如果要达到的目标需要改变很多人的行为习惯，这件事就会更为困难。

伟大的团队总是有着高水平的问责机制。如果没有问责的话，每一个人都去做自己认为最重要的事情，当他们这样朝着不同方向努力时，重要目标很快就会被日常事务所取代。

原则1、2、3带来了聚焦、指标和士气，这些都是帮助你走向成功的必要因素和有力工具，但是原则4将帮助你和你的团队锁定目标，不论发生什么事情，都将取得成功。

在绝大多数组织中，问责就是周期性的总结，不论你是做总结的，还是被总结的，这都不大可能是个美妙的经历，因为它还可能意味着，会有人对你没完成的事情吹毛求疵。

而在运用高效执行4原则的组织中，问责意味着个人对团队做出计划，推动记分表进度向前推进，然后像纪律一样坚持到底。

传统思维	高效执行4原则
问责是自上而下的。我们周期性地与老板开会，他告诉我们前阵子表现得如何，下一步要重点做什么。	问责是全体参与的。我们做出计划，然后向老板负责，最重要的是，每个人都要负责到底。

最重要目标会议

在原则4中，你的团队每周至少需要就最重要目标召开一次会议，这个会议的时间要控制在二三十分钟以内。这需要一套完整的流程并快速进行，为你们的工作确定每一周的节奏，从而带动最重要目标的不断进展。

这条原则的取舍最终导致了成功或者失败的执行过程。

在1996年5月，著名作家乔恩·科莱考尔试图和一支登山队一起攀登珠穆朗玛峰。当他们遇到暴风雪、62英里/小时的大风以及高山病时，这群人开始崩溃。他们当中一些刚愎自用的家伙决定自己冲击顶峰，离开了大队伍——团队纪律被破坏了。他们都有着同样的目标，但是缺乏纪律和对彼此的责任感成了他们在恶劣环境中的致命因素。最终结果是，有八个人在此次登山活动中遇难。

五年之后，另一支登山队前往攀登珠穆朗玛峰，他们的目标是帮助一个盲人登山者——艾瑞克·魏亨麦尔登顶。这支团队和科莱考尔他们一样仔细计划了登山路线，但是两支队伍的不同点在于，每天结束的时候，魏亨麦尔的队伍都要聚到一起召开“帐篷会议”，讨论他们已完成的路线、获得的经验，这帮助他们制订第二天的计划并进行调整。团队里速度最快的人负责清理道路，固定绳索，然后沿路返回和大家会合。艾瑞克·魏亨麦尔说：“我们的团队共同战斗，彼此照料，这给了我坚持到底的勇气和信心。”

在一个紧要关头，在极度危险的昆布冰川，魏亨麦尔花了13个小时攀爬搭在冰缝底部的梯子。这支团队知道，在登顶那一天，他们必须在两小时之内完成任务。在晚上的帐篷会议（最重要目标会议的一种形式）上，他们交流经验，并确定了第二天的策略。他们日复一日实践摸索，也日复一日召开帐篷会议。

最终结果如何呢？在登顶的那一天，他们打破了其他视力正常团队的纪录，集体跨越了冰川。

有规律的问责制是他们成功执行目标任务的关键。在2001年5月25日，艾瑞克·魏亨麦尔成为史上第一个成功登顶珠穆朗玛峰的盲人。他们团队还创造了另一项纪录——在同一天登顶人数最多的一支登山队，18人同时登顶。最后，艾瑞克·魏亨麦尔和团队的绝大多数人到达了地球最高峰的顶点并安全返回。

最重要目标会议的目的很简单，就是要保持每个人都为团队负责，带动引领性指标，最终克服日常事务的干扰，达到最重要目标。这些说起来容易，做起来难。要保证这样的目的每周都能达到，最重要目标会议必须坚持两条规则。

第一，最重要目标会议应该在每周的同一天的同一时间召开。这种坚持很有必要，不然，你的团队就无法建立可持续的执行规律。哪怕只有一次例会的中断，都会导致你们失去宝贵的好势头，从而影响最终结果。这意味着最重要目标会议是神圣的，必须每周定时召开。哪怕领导确实因故无法参加，也要指定其他人负责组织召开。

在一段相当长的时间里，围绕一个目标定时召开会议。这条原则看上去如此简单，但是其独特效用一定会让你感到惊讶。但现实中，坦白说，我们对这条原则经常遭遇执行不力表示无语。我们曾经询问过遍布全球各行业成百上千的雇员同一个问题："你是否至少每个月与你的领导讨论一下你的进展与目标？"出乎我们意料的是，只有34%的人做出了肯定的回答，即使我们已经把频率降低到了一个月一次，而最好的情况应该是一周一次。这也就毫不奇怪，为何如此多的组织缺乏高效的执行力了。

你或许会好奇，一周召开一次最重要目标会议，有什么特别之处吗？我们发现对于大多数的组织来说，一周时间是一个接近完美的生命周期。这个时间足够短，可以让人们保持对目标的聚焦，同时又足够人们去完成他们在会议上所做出的计划。在很多环境下，"周"是一种天然的组织节奏。我们以周为周期思考问题，以周为周期讨论问题，这个周期有始有终，它是人类生活的主题，同时也为问责制提供了一个完美的时间周期。

第二，永远不要把日常事务带到最重要目标会议中来。不论其他事情看起来是多么的紧急，在最重要目标会议上，只能讨论与推动记分表有关的行为和结果。如果需要讨论其他事情的话，你可以在最重要目标会议之后，再召开一次例会来讨论，但是要保持最重要目标会议的独立性。

这种高度聚焦的开会模式，不但可以节省开会的时间，也能够有效达到最重要目标会议的目的。这种做法还可以在每一位团队成员心中，强化最重要目标的重要地位，给他们发出一个明确的信号：**在关于最重要目标的事情上，如果你没有完成上周会议上做出的计划保证，其他任何事务上的成就都是补偿不了的。**我们很多客户都采用这样的方式：先召开二三十分钟的最重要目标会议，然后紧接着召开例会，在例会上可以讨论日常事务。

把最重要目标会议的时间控制在二三十分钟之内，也是很重要的一条标准。你第一次组织最重要目标会议时，可能会花很多时间。但是，最终你还要更多集中时间和精力在推动记分表业绩增长上，而不必考虑其他任何因素，这样你的会议才能高效。我们也意识到，由于不同团队的具体工作不同，有些团队可能需要多一些的时间来讨论，但是无论如何，任何职能的任何团队都应该学习提高效率，集中于最重要目标展开会议，而不是在会上漫无边际地乱扯，浪费时间。

通常情况下，要使会议主题明确的话，你需要在其他会议上把那些和最重要目标不相干的事情解决好。举例来说，你可以这样说："比尔，你提的问题很重要，这个问题必须在本周解决掉。那么，我们何不在周二专门就此开个会，对其进行深入讨论，看我们能否解决好。"然后，继续你的最重要目标会议。

最重要目标会议的内容可能因时而异，但其议程是不会改变的，下面就是一个最重要目标会议的三个必要组成部分。

1. 问责：汇报工作计划完成情况

- "我上周计划与三个业绩不振的客户进行电话沟通。我做到了，结果是这样的……"
- "我上周计划为一次现场参观准备至少三个眺望处，最终准备好了四个。"
- "我拜访了VIP客户，但是没有取得理想的进展，主要原因在于……"

2. 回顾记分表，寻找成绩和不足

- "我们的滞后性指标还是合格的，但是我们的引领性指标已经触到了警戒线，事情是这样的……"
- "我们的引领性指标得到了大幅提升，但是现在滞后性指标起色不大。为了如期推动记分表进度，我们团队一致决定下周的工作量要翻倍。"
- "尽管我们一直在按部就班地冲向我们的最重要目标，但是由于这周我们从一个客户那里得到了宝贵的建议，这使得我们的引领性指标大幅超前了。"

3. 计划：清除障碍，做出新计划

● “我可以为你解决这个问题，我知道有一个人……”

● “我保证下周解决掉这个纠缠已久的问题，不论遇到什么困难都要完成任务。”

● “我下周将去会见鲍勃，将从他那里带回来至少三个有助于我们工作的好主意。”

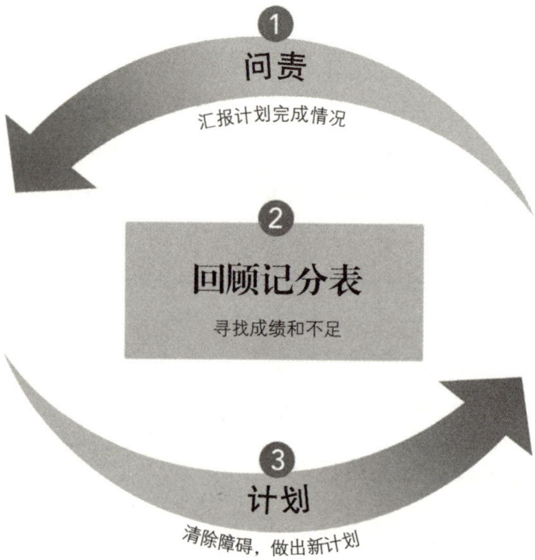

一次最重要目标会议应该是简短、紧凑的会议，其中只包含这三项内容。召开最重要目标会议的目的就是对上次会议的计划问责，并为下一阶段的工作做出计划，不断推进最重要目标记分表。

LINK:http://resources.franklincovey.com/mkt-4dxv1/wig-session

请用安卓手机或者iPhone扫描二维码观看网站视频

排除万难，保持聚焦

在一次最重要目标会议中，你和团队的每一个人都对推动最重要目标的记分表负有责任。要做到这一点，每个人都需要在每一次的最重要目标会议上，针对一两项直接影响引领性指标的事情做出计划，并在下一次会议上向其他人汇报完成情况。

在准备参加最重要目标会议之前，每个团队成员都需要考虑以下这个问题："我所能做的，最能影响引领性指标的一两件事情是什么？"

在这里我们要注意，几乎没有哪个团队成员会主动拿上面这个问题问自己。提问的话，这个问题又过于宽泛，很容易把他们的注意力带回到繁琐的日常事务中去。所以，在提问他们的时候，应该这样来说："你这周能做哪些可以影响引领性指标的事情？"

如前所述，在每周的会议上保持对引领性指标的关注是非常有意义的，因为它们是达到最重要目标的杠杆指标。一旦在会议上做出计划，就意味着必须排除万难去完成，不论日常事务如何繁琐累人。之所以我们花了那么多篇幅在原则2，强调引领性指标的重要性，就是因为通过每周的团队努力，大家就可以一步步推进它们。简单来说，保持每周开展引领性指标的计划和行动，引领性指标就会一步步将你们带往最重要目标的彼岸。

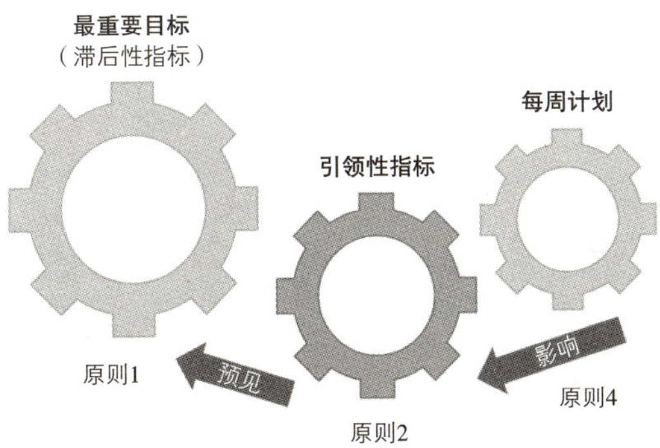

通过每个人每周的计划和行动，团队成员的行为会影响引领性指标的前进，并最终预见了滞后性指标的前进和最重要目标的成功。

下面我们就以苏珊为例，她是一家医院的护士长，她的引领性指标是减少为病人止痛的时间。苏珊发现，她管理的两个团队的记分表——七楼白班和八楼重症监护室的情况滞后于其他团队了。她知道，七楼的负责人是新来的，还正在学习止痛的工作流程。她也知道，八楼的护士岗位有空缺，人员不足。所以，为了推动引领性指标的前进，苏珊本周的工作计划应该是，与七楼团队一起温习止痛流程，并且为八楼团队补充人手达到满员。

另一个例子来自汤姆，一位销售人员，他的引领性指标是每周发展两个新客户。汤姆知道他发展客户的成功率不高，所以这一周他的工作计划就是去挖掘十个潜在客户，并得到他们的姓名和联系方式，从而保证其中至少有两个可以发展为新客户。

在这两个例子中，无论是团队领导还是团队成员，都按周制订工作计划。根据业绩的变化、团队的表现，每周的具体计划可能会有所变化，但这个基本的工作流程是固定的。

请务必注意，这些每周计划的工作看起来并不是紧急的或者必须的，甚至不是什么新鲜工作。它们经常是那些按常理应该做的事情，但往往会因为日常事务的打扰而没有做成。如果没有原则4这样固定的问责机制，这些事情可能永远不会被真正完成，尽管每个人都知道应该完成。

确立问责节奏

米凯尔公司是墨西哥最大的私营企业之一，为许多墨西哥企业提供能源支持，高效执行4原则渗透进了这家公司的点点滴滴。

每周一早上，这家公司的每一个部门都要召开最重要目标会议。这些会议通过视频电话连接到远程终端，从而保证了每个人看到的都是同样的画面，每一个经理展示的结果都显示在屏幕上供所有人观看。

从生产、运输到人事、财务等每一个部门都将自己的记分表用邮件发送给全公司，并经常进行更新。公司里的每一个人，从工程师到矿工，甚至打扫卫生的清洁人员，都可以将本团队的最重要目标脱口而出。在米凯尔公司参观的过程中，我们不由得想起了通用公司的传奇领导者杰克·韦尔奇的评价：

“理想不能是假大空的，制定目标时不能将其设定得太高而无法企及。你们必须尽一切可能把工作方向明确化，要做到即使在半夜突然把一个下属从床上叫醒提问‘我们的工作目标是什么’，他也能在半睡半醒间告诉你正确答案。”

听起来好像有些夸张，但是米凯尔公司的战略清晰度和工作计划的透明度，就达到了这样的水平。

那么，对于米凯尔公司的最重要目标，高效执行4原则系统又意味着什么呢？在过去的七年时间里：

- 浪费时间的事故从一年700起下降到了不到60起。
- 处理每吨煤的耗水量，一个重要的环境指标，降低了三分之二。
- 对采空区的修复治理，从每年6公顷上升到每年200公顷。
- 矿区悬浮颗粒物，从每立方厘米346个降低到了每立方厘米84个。
- 工人人均采煤量，从一年6000吨增长到了一年10,000吨。

根据米凯尔公司首席执行官的说法，高效执行4原则在该公司取得了惊人的成效，包括公司的生产业绩、安全状况和环境保护工作。

米凯尔公司将坚持不懈地保持工作问责的节奏，认为这是公司成功的主要因素。经常性的最重要目标会议，尽管每一次看似都很简单，但是坚持下来，始终将公司的关注点聚焦在最重要的事情上，就会带来成功。

最重要目标会议也可以进行得更快些，如果每个参会人员都只是陈述我们前文所说的三项内容的话，就并不需要多少时间。就像我们某个大客户喜欢说的那样：“说的越多，做的越少。”

一线员工最厌烦的，恐怕就是那些只顾发号施令的领导，实际上，作为一个领导者，你应该经常询问其他团队成员：“这周你有什么工作障碍需要我帮忙解决吗？”

还要注意，只要你不是最一线员工，可能就得每周参加两个最重要目标会议，一个是你的老板主持召开的，一个是你的直属领导召开的（关于这一点，在后面有更详细的叙述）。

现在，我们将高效执行4原则应用到前文所说的年轻兄弟集团的例子中去。记住，年轻兄弟集团的最重要目标是，到年底将安全事故从57起降低到12起。他们的引领性指标是严格遵守六条安全守则，他们相信这样可以避免大多数安全事故。

假设你现在是年轻兄弟集团的一个项目经理，带领一个团队干活，在你老板主持的最重要目标会议上，你应该做以下三件事。

1. 汇报上周的工作计划完成情况："上周我计划订购新的脚手架支柱，这样我的所有工人就可以使用脚手架工作（六项安全守则之一）。"

2. 回顾记分表："我的滞后性指标，事故发生率是每月发生五起，略微高出了我们本季度的计划。遵守安全守则的引领性指标为91%，在允许的范围之内。因为9号、11号和13号小组没有严格遵守佩戴安全眼镜的规定，所以记分受到了一些影响。"

3. 做出下一周的工作计划："这周我将会见9号、11号和13号小组的负责人，告诉他们出现的问题，还要让他们保证提供足够的安全眼镜给每个员工使用。"

每一项工作计划都必须满足两个标准：第一，计划必须具备一个特定的结果，比如，一个只是"关注"9号、11号和13号小组的计划就太空泛了。因为这样的计划不会逼迫你为某个特定的结果负责，所以就很容易被日常事务搅黄。第二，计划必须能够影响引领性指标。如果计划的工作不能带动引领性指标前进的话，它对团队最终实现最重要目标就缺乏意义。

随着你开始理解最重要目标会议，就会日渐看清原则2中引领性指标两个特征的重要性。如果引领性指标是可控的，它们就可以为你每周计划的工作所推动。如果它们对最重要目标有预见性，那么推动它们就必将带来最重要目标的达成。

最重要目标会议就像是一项进行中的科学实验。团队成员们集思广益，发挥最大能力去思考如何影响记分表。他们计划去尝试新点子，测试新假想，并最终带来结果。

举例来说，在明尼苏达大学医学中心的明尼苏达州囊性纤维化中心，管理医师费尔文举行周会来检查志愿者患者的肺部功能，大部分病人是婴儿或儿童。囊性纤维化通常会削弱患者的呼吸功能，所以这家世界顶尖的治疗中心的最重要目标就是，为患者保持100%的肺部功能，他们不接受通常的80%甚至90%作为滞后性指标。

在这些周会中，医生们回顾了自己在过去一周内，观察到的患者肺部功能的改善，并做出下一周的计划。比如，由于体重可能是肺部功能的一个引领性指标，医生们认真地监视这一数据，并给一些婴儿加营养餐。他们进行了使用喷雾帐篷和按摩背心等方式帮助患者清肺的实验，然后向团队汇报他们取得的结果。

每一周，他们都学到了更多的知识，并与大家分享。

很少有团队能像费尔文团队一样近乎残酷地坚持自我问责，他们取得的骄人成果证实了这一做法的意义所在。多年来，他们治疗的囊性纤维化患者没有一例因此病去世的。

尽管主持最重要目标会议的领导者有把关每个人工作计划质量的责任，但每个参会者做出的计划是最关键的，再怎么强调这一点也不为过。**如果你只是简单地告诉你的团队应该如何做，他们只能领会你所说的一小部分，但是如果他们每次都能够告诉你为了达到最重要目标应该怎么做，他们就能获得最好的执行力，而你也将从中获益匪浅。**

拒绝全天候灰色工作状态

最终，最重要目标会议将使你的目标免受日常事务的吞噬。下面是一张典型的一周工作日历，黑区表示你在最重要目标会议上的工作计划，灰区表示你的日常事务。它能简洁、正确地展示出，投入到各类事情中的时间精力的平衡点在哪里。

在我们推广高效执行4原则的过程中，一些领导者错误地认为，应该将大部分精力投入黑色区域，但这和实际并不相符，你们的大部分精力还是需要花费在日常事务上的，这是必须的。高效执行4原则的关键价值在于，确保黑色区域的执行，保证你在处理日常事务之外投入于最重要目标的时间精力，并且坚持下去。

每周工作计划

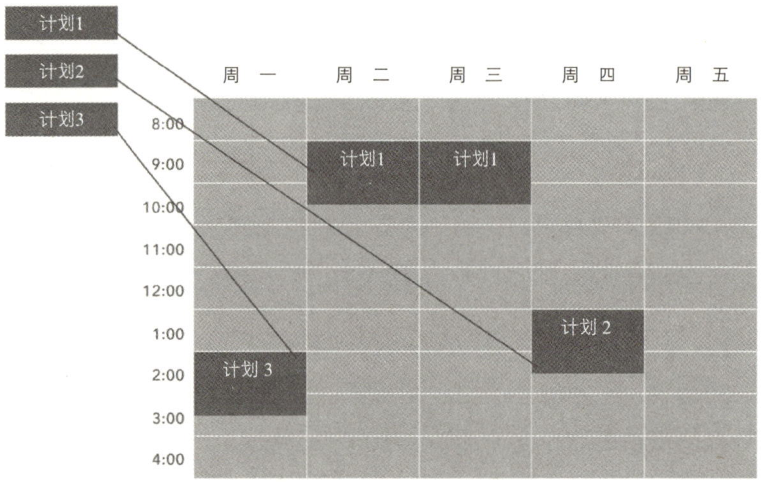

灰区表示你的日常事务，黑区代表你为推动记分表制定的工作计划。如果你主动将它们纳入日程安排当中，日常事务就不会轻易干扰你的关注点了。

如果你把黑区的其中一块从你的日程表中拿走，事情会怎样？它真的会空出来吗？

你可以回想一下最近一次会议临时被取消，你的日程空闲出一个小时的情形。这个时间距离后面的三个会议和五件紧急事情的期限，有多久呢？说直白些，日常事务需要多久就能占用这段空闲时间呢？

当我们提问这个问题时，每一个受访的领导者都回答说："马上！"只要有可能，日常事务就会消耗掉哪怕是一点点时间和精力。帕金森定律表明，只要还有时间，工作就会不断扩张，直到用完所有的时间，而且，再没有什么比繁琐的日常事务更能扩大消耗时间和精力了。它们会尽一切可能，把你为最重要目标预留的黑区变为灰区。

现在，考虑把这个日程表从你自己扩展到你的整个团队，用黑区来代表每个人为完成每周工作计划所需要付出的时间精力，这样有助于他们保证足够的精力来完成计划。如果你们能够长期坚持这样的问责机制，团队在引领性指标上所集中的精力，必将对达到最重要目标产生积极影响。

这种对每周时间的规划还可以提振士气。回想一下，你是否也曾经历过这样的情形，一周七天全是灰区，每个小时都被没完没了的琐碎事务所缠扰，甚至工作到恶心，你付出了全部心血累得一塌糊涂，到周末却发现自己其实什么像样的成绩也没做出来，好不郁闷！

如果这样全天候灰区成为一种工作常态的话，你就会觉得自己的管理已经干到头了。更要命的是，你还会发现，这种沮丧和失落情绪会在你的整个团队里蔓延。

最重要目标会议是这种全天候灰区工作状态的解毒良药。只要能够坚持按规律召开最重要目标会议，坚持把每周的一部分灰区时间转换为黑区，去完成最重要目标，你就会渐渐发现，不但最重要目标得以实现，整个团队的精神面貌也焕然一新。

痛苦工作的解药

马克·麦克切斯尼，本书作者之一克里斯·麦克切斯尼的哥哥，只有一个愿望——设计汽车。马克非常努力地工作以实现自己的梦想，最终被美国三大汽车制造商之一聘用为设计师。马克带领的团队里几乎每一个人，都有着同一个梦想，那就是设计汽车，他们将每一天的所有时间都投入到这个梦想之中，而不去关心世界上的其他任何事情。

你应该会认为，这个团队的工作士气很高才对，然而，这个故事有意思的部分正在于此：设计部门是这家大公司里士气指数最低的团队。没错，一群正在做自己一直都向往的工作的人，士气指数反而最低，怎么会这样呢？他们从事了自己喜欢的职业，为什么情绪反而最低落？

帕特里克·兰西奥尼在《痛苦工作的三个特征》（*The Three Signs of a Miserable Job*）一书中出色地描述了导致个人在工作中士气低下的三个原因。

1. 默默无闻：他们觉得领导似乎不知道他们的存在和价值，也不关心他们在做什么事情。

2. 无关紧要：他们看不出自己的工作有何特别之处，值得特别投入。

3. 缺少标准：他们无法衡量或评定自己到底做出了多少贡献。

兰西奥尼所说的这三个特征在上述的汽车设计部门都存在。第一，设计师的一个原始设计，在转化为正式产品之前往往要修改很多次，以至于到最后，大家都不记得最初的设计师是谁了（默默无闻）。第二，产品发布往往是在设计师进行设计几年之后，这就使得他们看不出自己对公司的最终效益有什么特殊贡献（无关紧要）。第三，公司对他们工作表现的评价非常主观和随意化（缺少标准）。

兰西奥尼的三个特征，不仅仅可以解释汽车设计部门的问题所在，也可以套用在其他很多工作上，另外还可以完美地描述身处繁琐日常事务中的生活状态，也就是我们所说的“全天候灰色工作状态”。不过我们可以带来一个好消息，那就是只要正确运用高效执行4原则，这三个问题都可以迎刃而解。

在一个最重要目标会议有规律运行的团队中，任何一个成员都不会是默默无闻的，他们每个人每周都至少会被大家关注一次。他们也不是无关紧要的，因为他们可以清楚地看到自己的工作是怎样推动了引领性指标，推动了最重要目标。他们更不会苦于缺乏工作衡量标准，记分牌是清晰而且公开的，每周的最新表现都会反映在其中。

最重要目标会议的巨大作用不会一下子就全部显现出来的。一个团队一般需要花三到四周的时间，才能建立起一个比较好的例会节奏，并在这些例会上完全忽略日常事务的干扰，专注于最重要目标。随着会议的规律化和专注化，几周之后，一些明显的改变就会发生，那些引领性指标将会推动滞后性指标，而整个团队也将会产生一种胜利在望的良好氛围。

与众不同的问责制

在我们用于展示最重要目标会议的在线系统www.my4dx.com上，有上百万个来自世界各地的工作计划。其中75%的工作计划克服了日常事务的干扰，得到了落实。这些来自真实案例的数据说明，最重要目标会议确实可以帮助我们建立良好的问责机制，并值得效仿。

尽管如此，我们希望读者能准确理解，这种在最重要目标会议中建立的独特的问责机制。

“问责”这个词往往会给人一种不好的印象。如果你的老板说“一小时之内到我办公室来一趟，我们需要进行一次问责谈话”，你几乎肯定会想，自己是不是做错什么事情了。

但是，最重要目标会议上所建立的问责和上述情况不同——这个责任是面向个人而不是面向整个组织的。和那些你完全无法影响的整体收益相比，我们的问责制只要求你对自己每周的工作计划负责，这是在你的能力范围之内的。而且，在汇报结果的时候，每个人不只是在向老板汇报工作，也是在向其他人汇报。你在一个最重要目标会议上最终要回答的问题就是：“我是否做到了向其他人所承诺的事情？”

如果你的答案是肯定的，当一个团队的成员看到伙伴们不断地完成他们许下的承诺时，他们心中对彼此的尊敬就会不断增加。他们会觉得自己的工作伙伴是值得信赖和追随的，大家的工作表现也会突飞猛进。

以诺马克公司为例，这是一家生产泡沫膨化材料的领头企业。简而言之，他们利用不同颜色的泡沫生产各种令人惊奇的产品，从高科技的绝缘材料到游泳池里的小玩具。

位于北加利福尼亚州的塔尔伯勒工厂，是该公司三个工厂中业绩较好的一个。该厂几乎是全面领先，无论是在节约成本，还是生产效益、安全状况方面。然而他们并不觉得这是一个伟大的工厂，因为尽管他们一直在进步，但是并没有取得特别惊人的重大突破。

塔尔伯勒工厂的组织结构是传统的，尽管整体环境还算友好开放，工厂里的员工都依赖经理来管理、监督、做一切决定。从本质上来说就是，他要保证每个员工都去做他们应该做的事情。

高效执行4原则给他们带来了希冀已久的突破性进展，在运用高效执行4原则一年半以后，这家工厂：

- 生产线上的开支减少了100万美元。
- 年度预算内收入增加了30%。
- 没有发生任何影响生产的事故，全年只有一次小事故。
- 第二年的第一季度，就超额完成了年度计划任务。

对于高效执行4原则，这家工厂经理这样总结道："对于引进任何创新管理方法的组织来说，高效执行4原则都是取得成功的有力工具。不论你采用的是六西格玛管理方法，还是精益生产，抑或是自我管理团队，高效执行4原则总能给你带来想要的结果。"

这其中的关键就在于最重要目标会议。

在塔尔伯勒工厂，每个团队每周都召开最重要目标会议。在会上，每个人都向大家汇报自己做了些什么工作，取得了怎样的成绩，达到了怎样的目标。每一周，他们都集思广益，想办法让记分表保持在健康运行状态。他们把注意力集中在达到最重要目标上，更重要的是，他们能共同思考，共同决策，相互帮助，并为彼此的成就感到骄傲。

最终，塔尔伯勒工厂创建了一个士气高涨的群体文化氛围，员工们为了共同的目标，自我激励，相互负责。

朱利安当时是塔尔伯勒工厂的董事长，他这样总结最重要目标会议的作用："最重要目标会议比传统的旧式生产会议更具活力，它极大地提高了各个岗位的生产效益，并达成了不可思议的简单有效的问责制。"

在过去的几年里，我们观察了数以千计的最重要目标会议的案例，这些观察经验也使一个结论更加清晰，那就是：来自同事们的问责，往往比来自老板的问责更能激发人们的工作激情。

我们在前文曾经说过，高效执行4原则的前三个原则创建了比赛，但在运用原则4之前，你的团队并没有置身比赛之中。现在，我们想把这个意思说得更清楚一些：**你把最重要目标会议看得有多重要，就将取得多大的成果。**随着你的坚持、你的聚焦，以及你制定的工作计划的完成，将使团队把最重要目标会议变成一个有意义的事情。

会议也可以很有趣

有些人不喜欢最重要目标会议的固定结构模式，但实际上，只要正确运用，最重要目标会议也可以有很多创意。就像研究大脑的著名科学家爱德华·哈洛韦尔所发现的一样，结构和创意相结合，就会产生强大的动力。他认为最能激励人心的场景就是“高度结构化，同时又充满新奇和刺激”的场景。

规律性的问责制可以将创造力发散到整个团队。

一般来说，当你想到某个很讲原则、纪律性很强的团队时，你往往认为他们不会同时拥有创造力和创新性，但是如果把高效执行4原则运用好的话，你会发现，所有这些特征是可以同时出现在一个团队的。

汤氏公司就是一个很好的例子。作为高端酒店和医院最大的代客泊车服务商，汤氏公司一直经营有方。当他们的一家大客户盖洛德娱乐集团采用高效执行4原则，并取得巨大成功之后，汤氏公司对此也颇有兴趣。

汤氏公司实际上已经将他们业务的所有方面进行了量化，比如说：当你到达时，服务人员有没有帮你和你的客人开车门？他们有没有使用恰当的迎宾用语？他们有没有及时为你送上一瓶水？公司的考核表格对此都有记录，而且他们将所有可能影响客户的细节都进行了衡量。

尽管如此，他们依然决定引入高效执行4原则，来帮助公司实现最重要目标——进一步增进客户满意度。在制订原则2中的引领性指标时，他们意识到原来的考核指标中，缺少了一项对客户而言很关键的内容，那就是——每一次帮助客人把车开出来，花费了多长时间？

所以，他们将缩短提车时间，作为对提升客户满意度最具有预见性的一项引领性指标。尽管他们一直都知道这一点对业务而言很重要，但是从来没有对此进行过定量考核，因为这个数据指标并不容易获得，哪怕这个公司很看重这种引领性指标。他们知道，要收集这项指标的话，就必须在每次客人吩咐服务人员的时候开始计时，直至将车完全开出去，这需要持续不断地对所有地点的服务人员提车时间进行统计。

你可以想象，在无数汽车进出的过程中，统计这些数据是一件相当繁琐的事情，以至于一些领导认为这是完全不可能做到的，但最后，因为他们已经将大幅提高客户满意度作为最重要目标，而且也确实认为提车时间是最具有预见性和可控性的引领性指标，所以还是决定去跟踪这些数据。和所有伟大的领导集体一样，一旦做出了决定，他们就同时找到了实现方法。

最开始，他们曾想知道提车时间是否真的可控，毕竟还有其他一些外部影响因素，比如说停车场的位置，到某辆车停车位的距离，等等。尽管有这些担心，他们还是大幅缩短了提车时间。

他们是怎样做到的呢？他们高度地投入其中。当引领性指标的记分表开始公示之后，所有服务人员都在想办法做得更好，比如说，他们建议客人在结账离开之前，先打一个电话通知，这样他们一出门就可以直接开上自己的车。只要客人提前打电话了，提车时间就可以是零。

服务人员还会询问客人预计在哪天提车，如果是在一周以后的话，他们就会将这辆车停到停车场靠里的位置。快到提车日期的时候，他们又会预先将车移到靠外的位置，从而缩短了提车时间。

好多这样的好点子冒了出来，最后不但作为引领性指标的提车时间大幅缩短，作为最重要目标的客户满意度也得到了大幅提升——汤氏公司取得了成功！但是他们的成功离不开所有员工的积极投入，否则就不会想出来这么多好点子，并且成功得到落实。

尽管如此，汤氏公司在迈阿密的一家停车场还是遇到了一个貌似难以逾越的困难，一堵四英尺高的混凝土墙矗立在停车场中间，服务人员每次提车都不得不绕着走。

经过几个月的各种尝试之后，他们终于在一次最重要目标会议上找到了一个好办法。副经理詹姆斯·麦尼尔，向大家做出计划说，这堵墙很快就会消失。他虚心向设计这家酒店的建筑工程师请教，最终确认这堵墙并非承重墙，然后找来工具，在其他几个高管的帮助下，终于在一个周末的早晨，将这堵墙拆除。经过一天的紧张工作之后，所有的建筑垃圾也被清理干净，停车场终于畅通无阻了。

如果你是一个领导者，就应该会喜欢这个故事的。假设是汤氏公司的高层领导要求这个停车场的团队去做这么一件事，他们又会有怎样的反应呢？毕竟，拆墙和他们本职工作八竿子打不着。好一点的结果，这些人可能会消极抵抗，最坏的情况下，他们甚至会揭竿而起，罢工或者采取其他激烈的反抗措施。

但是由于这堵墙的存在，他们提高引领性指标的比赛变成了一个高风险比赛，而参加比赛的这些人又不想失败，这就给了他们动力。他们自己会主动想把墙拆了，而且这种愿望如此强烈，你想挡都挡不住。需求永远是创新之母！一旦他们把提车时间搞成了一场高风险比赛，各种创意和创新就会源源不绝冒出来。

理解这件事情的一个关键点还在于，如果按照传统的发号施令、控制监督的管理方式，极少能使人们对工作产生高度的投入感。单凭手中的权力，最多也只能得到一个团队的服从而已。

与传统不同的是，高效执行4原则所造就的结果，不仅仅来自权力的使用，它们更多地依靠每个团队成员渴望得到重视、渴望做有意义的事情、渴望成功的愿望。

这样的投入感才能激发真正的工作计划，那种引导汤氏公司的团队去拆墙的计划。也只有这种计划，最终能够创造杰出的成就。

在第二部分中，我们将给出更精确的行动指南，教会读者怎样通过规律性的问责来得到这样的计划。

高效执行4原则的力量

既然我们已经逐条验证了高效执行4原则的效用，我希望你能够感受到它们的力量，并将其转化为自己的团队文化和业绩。在我们向领导们介绍高效执行4原则的时候，他们往往认为，这几条内容他们都已经做过了。毕竟，不论是制定目标、跟踪指标，还是量化记分、召开例会，这些都是很常见的管理元素，但是，一旦他们开始实施高效执行4原则之后，这些领导就会发现，团队发生了可喜的变化，预示着惊人的成绩，甚至是最终破纪录的成绩。

如果你把高效执行4原则和常见的年度计划相对比的话，就会发现它和典型的关于目标的思维模式有很大的差异。

LINK:http://www.franklincovey.com/Solutions/Execution

请用安卓手机或者iPhone扫描二维码观看网站视频

一般制定年度工作目标的过程是这样的，先制订一个大体的年度计划，瞄准一系列目标，然后每个目标被分解为诸多具体项目和任务。为了计划的成功，所有的子任务都应该在未来的几个月里完成。对过程的计划制订得越深入，计划也就变得越复杂。

除了不断增加的复杂度之外，领导们还会有一种我们称之为“高高在上”的感觉，这是一种充满希望的感觉，他们会认为计划“一定能成功”！

最后，他们会制作一套精美的幻灯片来展示他们的计划，然后发表一番信心十足的讲话。听到这里你是不是觉得很熟悉呢？如果是，在计划发布之后可能只差一件事情我没说了，那就是，大家都眼看着因为需求和业务的变化，原计划一点点沉寂下去，也没有任何人对此负责，最终使原来的计划变得毫无意义。

现在，作为比较，我们可以回想一下年轻兄弟集团的案例，他们的最重要目标是减少事故。不论年度工作计划做得多么完美，他们都不可能预知到，到第32周，某个领导需要和9号、11号以及13号小组的小组长就佩戴安全眼镜的问题进行交流。换句话说，那些对于每周的工作情况影响重大的实时信息，并不会出现在最开始的计划里，而且永远也不可能会。

但是，运用原则4，这个团队每周就他们的引领性目标召开会议，本质上就是针对实时的情况在建立新计划，而这些新情况，是他们在月初不可能知道的，更不要说年初制订年度计划的时候了。

这种每周持续地在引领性目标上投入的精力，建立了一套独特的问责机制，最终将团队和目标不断结合起来。

如果年轻兄弟集团没有借由包含具体安全措施的引领性指标，来冲击他们的最重要目标，他们可能还会每周做出毫无针对性的保证。每一个团队成员都信誓旦旦地保证要减少下一周的事故发生率，但这些保证是如此宽泛，以至于实际上谁也不知道怎样才能真正做到。

更坏的可能是，领导们的思维也变得糟糕。他们可能会在私下里讨论说："这些工人都已经从事建筑行业好多年了，竟然还这么傻。如果他们自己都不关心自己的生命安全的话，为什么我要去关心？"

一旦人们放弃了一个看似不可能达到的目标，不论这个目标是多么的有意义，他们就只能回到日常事务中去。毕竟，这才是他们所熟悉的，在这里他们才能体验到安全感。如果一个团队到了这种状态，他们就不会再为胜利而拼搏，而只是在尽量避免失败罢了，可这两者之间的差别是非常巨大的。高效执行4原则，就是要促使一个团队去为胜利而拼搏的！

你可以把高效执行4原则看成是电脑上的操作系统。在同一个强大的操作系统下，你可以在你的电脑上运行任意软件。但是如果操作系统很垃圾的话，不论软件设计得多好，在你的电脑上都是运行不起来的。

与此类似，如果没有一个好的操作系统来运行你的战略目标的话，不论你的战略规划多么完美，都难以长期持续下去，甚至即使你得到了一些阶段性成果，也不大可能在未来的日子里维持下去或者继续超越。高效执行4原则可以保证使你制定的任意目标得到精确而持久的执行，最终为胜利奠定基础。

高效执行4原则如此强大的一个重要原因在于，它是一种基本原理、一种规律，而且已经被实践证明，几乎适用于任何组织或环境当中。并非是我们发明了高效执行4原则，我们只是发现并证实了这些客观规律。已经有很多组织或个人，都自觉或者不自觉地应用这些客观规律达成了自己的目标。

在1961年，纽约市皇后区的琼·尼德赫终于对自己的节食行为失去了耐心。她对自己的体重不满，却发现想要通过节食来减肥真的很难做到。每一次努力，她都以失败告终。所以，当她这次从纽约市健康委员会得到一份新的减肥食谱时，决定尝试一种新方法，她邀请了其他几位同样想要减肥的朋友，约好每周进行聚会，相互监督检查。她们制定了合理可行的目标，每周减掉一到两磅的体重，然后仔细控制每天摄入的能量值和进行的运动量。

大约两年之后，她们终于达到而且是全部人一起达到了自己预定的减肥目标。

1963年，琼组织成立了体重观察者减肥俱乐部，并继续吸收新会员参加。从此之后，体重观察者逐渐成长为一个遍布全球的组织网络，业务包括减肥俱乐部、减肥饮料生产、蔗糖替代品生产和出版传媒，等等。她说："我的私人小俱乐部，变成了一项大产业。"

再没有第二家组织，能和她们一样，帮助全世界如此多的人成功减肥了。

而体重观察者成功的奥秘，和高效执行4原则几乎是完全吻合的。

● 原则1：认真地聚焦于一个滞后性指标，在一个确定的时间里减肥多少磅，正是我们所说的"到什么时间，把某个指标从现有的X提升到Y"的形式。

● 原则2：在具巨大杠杆作用的引领性指标上下功夫，减肥俱乐部所关注的摄入多少能量、进行多少运动，是任何参加者自身都可以控制的，而且这些指标可以很容易进行量化跟踪。

● 原则3：定期检测引领性指标和滞后性指标并更新记分表。一个具有竞争性的记分表可以激励人们积极跟踪指标数据，努力提高成绩。

● 原则4：规律性问责，这些拥有共同目标的人每周聚会。在聚会时，他们分享减肥经验，相互比较减肥成效，共同庆祝点滴进步，并讨论减肥失败的原因和应对措施。很多参与者都表示，每周的聚会是最能激励自己继续坚持进行减肥的动力。

高效执行4原则的道理是客观和普遍存在的，通过在全世界最好的一些公司进行实践，我们一次又一次肯定了这个结论。

第二部分

在团队中运用高效执行4原则

Installing 4DX with Your Team

在第二部分中，你将学到如何将高效执行4原则运用到团队工作中去，以及具体的步骤。你也将受益于来自数千个工作团队的实际经验，他们已经成功运用高效执行4原则完成了自己的工作承诺，并取得了鼓舞人心的成果。

请记住，高效执行4原则不是一套指南，而是一套原则。运用高效执行4原则需要你们最大的努力，回报则是整个团队的持久出色表现。

希望所在

What to Expect

在希腊神话中有这样一则著名的故事：西西弗斯受到了宙斯的惩罚，他将一块巨石推上山顶，但是每次当他抵达山顶的时候，巨石就又从山顶滚下来，然后他就要永远重复推下去。

这有点类似于下班时候的感觉，忙活了一天却没有取得一丁点重要的进展，而且自己心里知道，明天又得从头来过了。

吉姆·迪克森是一个大型连锁超市334号店的总经理，他每天的工作感受就是这样的。在所在大区250家店当中，334号店的财务表现是最差劲的，人们不但不喜欢来这里购物，甚至不喜欢到这里来工作。

每一天吉姆来上班的时候，他都要先重复做一些他称之为“当头棒喝”的事情。整理停车场里的购物车和垃圾，收拾过道里打碎的瓶子，为货架上缺货的商品补货。只要吉姆不找人或者亲自来做，谁都不会管这些事情。经常到了半夜，人们还可以看到他在往货架上上货，或者在清理洒在地上的牛奶。他不但雇人来做这些事情，甚至还要雇员再雇人来做这些事。

和西西弗斯一样，吉姆感觉自己每天都在推一块大石头上山，然后一次次眼看着它滚落下来，他从未有时间和精力去把这家店的业务绩效真正大幅提高。

刚被委任到334号店的时候，吉姆一度被认为是一个潜力无限的领导，但是到现在，他看上去只是一个毫无前途的小经理罢了。在我们见到他的时候，他已经连续工作16天没有休息了，而在过去的一年多里，他都没有休假。销售额日益下滑，员工流动率却不断上升。主管人事的副经理悄悄对我们说：“吉姆要么选择自己离开，要么就会被我们赶走。”

根据吉姆的行为，我们可以想象得到，他一定会高兴地成立专门的高效执行4原则工作小组，而此时在年底，恰恰是一家超市一年当中最繁忙的时节。

对于吉姆和他手下的部门领导来说，最重要目标毫无悬念。如果他们不能完成年度的收益指标的话，这家店就有被关闭的危险。与此相比，其他的都不重要了。他们的问题在于如何找到合适的引领性指标——他们可以做些什么之前没有做过的事呢？什么事，才能对拉动超市收益产生最大的影响呢？

吉姆和他的团队很肯定地表示，只要超市环境改善了，收益就会变好，一个环境卫生、装修美观、货品丰富的超市可以吸引来更多的顾客。然后，他们针对每个部门都独立提出了两三个最重要的衡量指标，最终决定每天按照1到10分给自己打分。

- 肉制品部门，要把鲜肉陈列在干净透明的柜台里。
- 生产部门要在每天早上五点钟把各个货架装满。
- 熟食部门每两个小时供应一次新鲜的热面包。

当这次交谈结束的时候，吉姆他们在脑海里有了计划！他们马上就行动起来，副总经理和各部门领导负责每天更新记分牌。他们认定只要这些指标上去了，他们的年度效益就会得到提升。

他们当天早上就张贴出了记分表，而员工们当天晚上就把记分表撕掉了。第二天，他们再次把记分表贴出来，但是那些部门领导们在日常事务的压力下，又退回到了原来的状态。两周以后，在他们自己的记分表中，五个部门的平均得分之和只有13分，而满分是50分。吉姆沮丧到了极点，要实现他的最重要目标，看起来依然困难重重。

在第二部分的后面章节，我们将说明这是为什么，并为你讲述故事的后半段。

行为习惯改变的五个阶段

改变人们的行为习惯是如此困难，以至于许多领导在运用高效执行4原则的时候都面临着这样的问题。实际上，我们已经发现大部分团队在改变行为习惯的过程中会经历五个阶段。在本节，我们希望帮助读者了解并把握这五个不同的阶段。

第一阶段：理顺思路

在此我们来学习一下玛丽莲的故事。她是一家市中心大型医院的外科护士长，并在自己的团队里使用了高效执行4原则。她和她的团队面临的日常事务和其他人不大一样，她们一天要进行几十台人命关天的手术。

玛丽莲的团队发现，最近在围手术期的意外事故频次显著上升。尽管在手术室中也有很多日常事务，但她们都拿出了最大的热忱，来避免可能会对患者造成巨大危害的事故。

> **第一阶段：理清思路**
>
> 领导和团队决定让工作达到一个新高度。他们建立了符合高效执行4原则的清晰的最重要目标、滞后性和引领性指标，以及一个激励性记分表，他们承诺要定期召开最重要目标会议。尽管你会希望自然而然地改变大家投入的程度，但是如果团队成员可以在最重要目标会议中得到更多的参与机会的话，他们的积极性将会得到更大的激发。

在一次最重要目标会议上，她们将最重要目标定义为：到年底前将围手术期安全无事故比例从89%提高到98%。

然后，这个团队认真回顾了造成最严重事故的原因，并最终针对患者生命安全威胁最大的因素，总结出来两个最有用的做法：在手术前30分钟全面检查手术用具是否准备到位，在手术结束后再次认真清点手术用具。

现在，玛丽莲团队已经有了一个最重要目标（原则1）和两个引领性指标（原则2），她们还设计了一个简单的记分表用来跟踪团队的表现（原则3），并安排每周召开一次最重要目标会议来保证持续的问责（原则4）。

在会议结束之后，玛丽莲对下周的工作情况感到非常乐观，她从来没有过这样清晰的工作目标和计划。她想，接下来的事情就是小菜一碟了。

显然，她低估了这项任务。原因就在于，在日常事务纷扰的迷雾中，改变人们的行为习惯有着天然的难度。将最重要目标和高效执行4原则的过程搞明白，只是成功的开端。请记住以下在落实高效执行4原则过程中的关键行为。

- 做聚焦于最重要目标的模范。
- 识别出真正对全局有杠杆作用的引领性指标。
- 创建选手型记分表。
- 每周至少举行一次最重要目标会议，并亲自主持。

第二阶段：开始施行

在周一早上七点钟，玛丽莲在当周的第一台手术中开始了她对高效执行4原则的运用，但是到中午的时候，大家都开始感到吃力了。她们的引领性指标要求护士比原来提早20分钟清点手术用具，但是工作时间表的变化和新的清点清单，让每个人都感到头疼。

> **第二阶段：开始施行**
>
> 现在，整个团队都在准备起跑了。不论你主持一个普通的动员会议，还是召集团队所有成员进行大会，你都在带领团队开始向最重要目标进军。但是就像火箭需要巨大的能量才能脱离地球引力一样，一个团队在施行高效执行4原则的起步阶段，需要团队领导的高度投入。

第一天早上，面对安排得满满的手术时间表和其他各种任务，玛丽莲的手头忙得不可开交，她的团队也开始混乱起来。玛丽莲意识到，在日常事务的迷雾中严格执行计划的确不容易。

玛丽莲还发现，某些人改变自己的行为习惯比其他人要积极得多。表现最好的人做得非常出色，尽管做到这一点并不容易，但是她喜欢这种挑战。尽管如此，玛丽莲手下两个最高级别的护士，还是在抱怨为什么要改变清点手术器具的流程，抱怨因此增加的工作压力。更有甚者，玛丽莲还看到一些还不熟悉自身角色的新护士们，实际上放慢了清点的流程。

这一周，玛丽莲意识到，计划起来很容易的事情，实际做起来竟是如此困难。她面临的不止是日常事务的繁琐，还有一个动机不一的团队。

实施高效执行4原则的过程绝不能保证会一帆风顺。你会有行动的榜样（记分表上靠前的人），也会有潜在的支持者（默默工作的人），但是还会有抵制者

（那些不喜欢记分表的人）。以下是成功实施的几点关键所在。

- 意识到落实阶段需要聚焦和能量，特别是来自领导的聚焦和能量。
- 保持聚焦，并勤奋地去落实高效执行4原则的过程。
- 辨别清楚你的榜样人物、潜在支持者和抵制者。

第三阶段：调整适应

玛丽莲努力去保持在最重要目标上的聚焦。她的团队调整了时间安排，修正了记分的方式。她对那些积极改变行为习惯的潜在支持者进行了培训，以便他们能够更好地适应新的工作方式，她还向那些抱有抵制心态的人们耐心解释了进行改变的必要性。

每一周，她们都为提高引领性指标而努力工作，并渐渐取得进步。在召开最重要目标会议的时候，她们首先回顾了上一周的工作情况（记分表），然后每个人都分别做出自己下一步的工作承诺。

不久以后，玛丽莲感觉整个团队已经找到了新的工作节奏，手术事故率也大幅降低。当大家看到引领性指标开始起作用时，她们的工作积极性就更加高涨。这么多年以来，她们第一次感受到了自己是在胜利之中。

> **第三阶段：调整适应**
>
> 团队成员逐渐适应新的工作流程和行为习惯，从而驱动最重要目标的达成。你可以期待随着高效执行4原则的开始运用，抵制的心态不断消失，积极的热情不断增长。除了日常事务的工作需要之外，他们开始学会以高水平的工作表现对彼此负责。

需要注意的是，人们适应新的工作过程需要时间。但是为了最重要目标的成功，紧紧抓住新过程不放也是必要的，对此既要心怀敬畏，也要坚持不懈，否则，旧有的日常事务工作过程就极有可能旧态复萌。以下是成功调整适应的几个关键点。

- 首先聚焦于坚持新的工作过程，其次才是结果。
- 在每次最重要目标会议上做出工作承诺，并对每个人的承诺问责。
- 在需要的时候进行调整。
- 对潜在的支持者进行额外的培训和指导。

- 坦荡地回答抵制者的问题，必要的时候帮他们扫除思想障碍。

第四阶段：积极优化

在接下来的两个月里，玛丽莲对整个团队的表现感到喜出望外。新的进展虽然缓慢，却仍在稳步进行，事故越来越少，但是这个团队需要加快步伐，才能在年底达到预定的最重要目标，而玛丽莲还不确定大家还可以在哪方面增加努力。

> **第四阶段：优化调整**
>
> 在这个阶段，整个团队的思维模式已经转移到高效执行4原则的工作方式上来了。你可以期待他们更加主动、投入地进行工作，他们的工作结果也将有所改进。他们还会自发去寻找优化工作的方法，总之，到这个阶段，大家已经找到那种“为了胜利冲锋”的工作状态了。

出乎她意料的是，在之后一天的最重要目标会议上，她手下的护士提出了对引领性指标的修改建议。第一，她们建议重新调整器具托盘的位置，从而方便更快、更精确地清点器具。第二，如果在一天的开始，就提前对前两台手术的器具进行清点，可以让接下来一整天的计划提前完成。第三，她们建议让负责运送患者的团队，在准备护送患者到手术室时，提前通知她们一下，这样就可以在最后时刻再进行一次确认。

玛丽莲对此感到又惊又喜，没想到她的团队可以想出这么多提高工作表现的好主意。她也由此感到，如果这些建议是她自己想出来的，恐怕会有很多人抵制因此增加的额外工作负担，但由于这些建议是护士们自己提出来的，所以大家都很高兴地去执行。

玛丽莲创建了有意义的比赛，现在，她的团队开始向胜利冲锋了。

那些护士们掌握了执行过程的主动权，她们想出各种办法来提高引领性指标和滞后性指标。每周的工作承诺都清晰明确，执行起来也非常出色，每次最重要目标会议都紧紧聚焦在执行结果上。

最使玛丽莲感到激动的还是大家的工作激情和投入程度，达到了的水平。

如果你能始终如一地坚持运用高效执行4原则，就可以期待团队成员自发对工作方式进行优化调整。以下是本阶段最重要的几件事。

- 鼓励提出更多可以推动引领性指标的新主意，哪怕有比它更好的主意。

- 褒奖出色的执行，并适时庆祝胜利。
- 鼓励团队成员互相为彼此排除障碍，并在这类事情发生时进行庆祝。
- 留意那些潜在支持者的工作表现何时追赶上那些榜样人物了。

第五阶段：塑造习惯

在医院的年终总结表彰大会上，玛丽莲在热烈的掌声中骄傲地走上了领奖台。难以置信，就在11个月前，她还担心不断上升的事故率会砸掉自己的饭碗，甚至威胁患者的生命。现在，她和她的团队创造了医院有史以来最低的事故率，也因此赢得了大家的尊重。

玛丽莲知道，她们团队的变化，远不止达到降低事故率的目标而已。她们从根本上改变了自己的工作方式，逐步养成了新的工作习惯，这为将来的成功奠定了基础。改变人的行为习惯是如此之难，然而她的团队做到了。从根本上来说，降低事故率的行为现在已经成了她的日常事务之一，但她的日常事务也因此更加易于管理。

最终，她知道整个团队已经具备了聚焦最重要目标的能力，同时养成了尽力完成工作承诺的习惯。

第五阶段：塑造习惯

当高效执行4原则成为一种习惯时，你不仅可以看到工作目标的达成，更可以期待整个团队的工作水平上了一个新台阶。高效执行4原则的终极目标不仅仅是要达成某个确定结果，还要创造一种拥有出色执行力的团队文化。

高效执行4原则也是一个塑造习惯的过程。一旦新的良好习惯在日复一日的工作中变得根深蒂固，你们就可以建立新的目标，而且可以同样出色地完成。以下是利用高效执行4原则让团队养成良好工作习惯的几点注意事项。

- 庆祝最重要目标的达成。
- 迅速转向一个新的最重要目标，从而让高效执行4原则成为你们的操作系统。
- 强调新的工作标准依然是保持引领性指标方面的出色表现。
- 通过关注和推动中间层人员，帮助每个团队成员取得更好的工作表现。

推动潜在支持者

如我们前文所说，人们一般会有三种面对改变的态度。

榜样人物　这些榜样人物不仅仅是表现最好的，也是最为积极投入的。他们以最大的激情积极拥护高效执行4原则，并通过高效执行4原则，将自己的工作水平提升到一个新高度，这也是领导们最喜欢的团队成员。

抵制者　这类人和榜样人物恰恰相反。当你为大家介绍高效执行4原则时，可能有人会说这套系统根本不可能起作用。他会告诉你，在日常事务的影响下，高效执行4原则是行不通的。还有一些人会在工作上偷懒、消极抵制，他们并不打算让别人知道自己的抵制心态，但在整个团队运用高效执行4原则的时候，他们的消极行为就表露无疑。正如我们一个客户所说的："一旦你们运用了高效执行4原则，任何人的工作表现都无处可藏。"

但是更多的人会选择中庸之道，他们既不争先，也不落后，各种表现都介于榜样和抵制者之间。在这些人身上，你可以挖掘巨大的潜能。

潜在支持者　潜在支持者是那些具有上佳的潜力，但尚未表现出来的人。有的人可能是因为缺乏对目标的聚焦，有的人可能在某些方面值得改进，还有的人可能需要额外的责任和压力来刺激一下。

任何一个成员众多的组织，群体表现都会呈现出下面这样的形态：

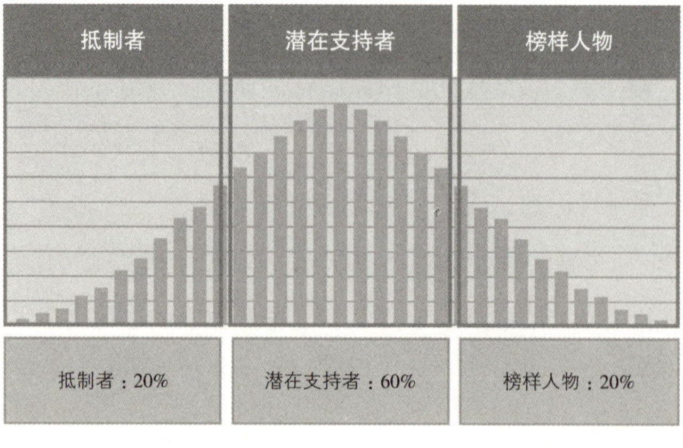

中间层的人数是最多的。

很多系统里的变量都会自然地呈现出这样的分布情况，也就是我们常说的正态分布。在任何时候，你总是要面对表现出色的20%的榜样人物，表现最差的20%的抵制者，还有占大多数的60%的中间层。只要你给予适当的刺激，这大多数的中间层就可以表现得更好。

这就是所谓的潜在支持者，只要告诉他们怎么做，他们就可以做得更好。当然，中间层的数量也是可以变化的。试想一下，如果占多数的中间层表现得都和那些榜样人物一样，该有多好！如果你们团队的表现情况不是正态分布，而是下面的分布曲线，又会怎样？

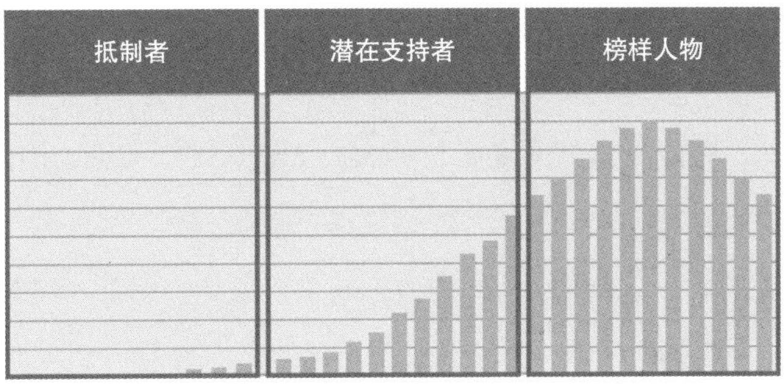

在这个分布曲线中，由于中间层的表现提升到了前20%的水平，整体表现也因此变得更为乐观了。换句话说，因为更多的人做得更好了，整条曲线都在向右移动，表现出色的右半边占据了大多数。与此同时，对于一个普通的团队来说，多数人的表现仍然是处在中间的。

- 一家满足于一般客户满意度的酒店是普通团队，他们会觉得，毕竟大多数人还是满意的。
- 一个满足于正常毕业率（淘汰率）的大学教师团队是一支普通团队。
- 一所满足于将疾病传染率控制在正常水平的医院是一支普通团队（在这种情况下，可能有人会问：正常水平的传染率就是可接受的吗？毕竟这个事情是关乎人命的）。

只要这些团队仍然自满于人们正态分布的工作表现，他们的团队表现就永远不会有大幅的跳跃和提升。

但是，即使是这些行业里，也有那么一小部分团队，他们的表现一直都是非常出色的。

在荷兰鹿特丹市的伊拉斯谟医学中心就是一个表现突出的例子。大部分欧洲医院都深受致命的医院内感染带来的困扰，据统计，欧洲每年在医院死亡的25000名病人里，大约有三分之二的病人是因院内感染死亡的。

在伊拉斯谟医学中心，医院内感染率也是在可接受的范围之内的，但是医院管理者决定根除院内感染。为了达到这个最重要目标，他们引入了一套引领性指标——“发现并销毁”。在这套指标的帮助下，他们花了五年时间，终于消除了几乎所有的院内感染。最值得他们骄傲的是，荷兰的所有医院都效仿和引入了这套指标。

顾名思义，医院里总是充满了各种病人，致命的细菌也会因此大量滋生。大多数医院对此的态度就是，把院内感染率控制在一个正常范围内就好，但是对于伊拉斯谟医学中心来说，他们的目标就是要做到零感染。这意味着他们要把表现平平的大多数中间派，推移到表现出色的右半边去。

伊拉斯谟医学中心花了几年时间来做到这一点，体质虚弱的病人不再因为医院内感染而生病甚至死亡。其他很多医院并不知道他们是如何做到这一点的，然而就像肯塔基大学传奇篮球教练阿道夫·卢普所说的一样：“不论你在何时何地看到他人站在山顶，都不必担心他会掉下去。”

如果你能够把占据多数的中间层推向工作表现出色的右半边，其成就将是不可估量的。要做到这一点，你需要不断给予他们新的刺激，促使他们养成更好的行为习惯，而这正是高效执行4原则的目标所在。

根据我们的经验，不论是医院、连锁超市、机械化农场，还是酒店、软件公司、制造工厂，运用高效执行4原则的结果总是惊人的相似，高水准的团队文化氛围得以建立，持久的高水平业绩也随之而来。

做到这一点并非一夜之功，它需要对最重要目标持久的聚焦和对高效执行

4原则持久的落实。唯有如此，才能真正提升团队文化。

一般的发展过程可以用下图来表示。

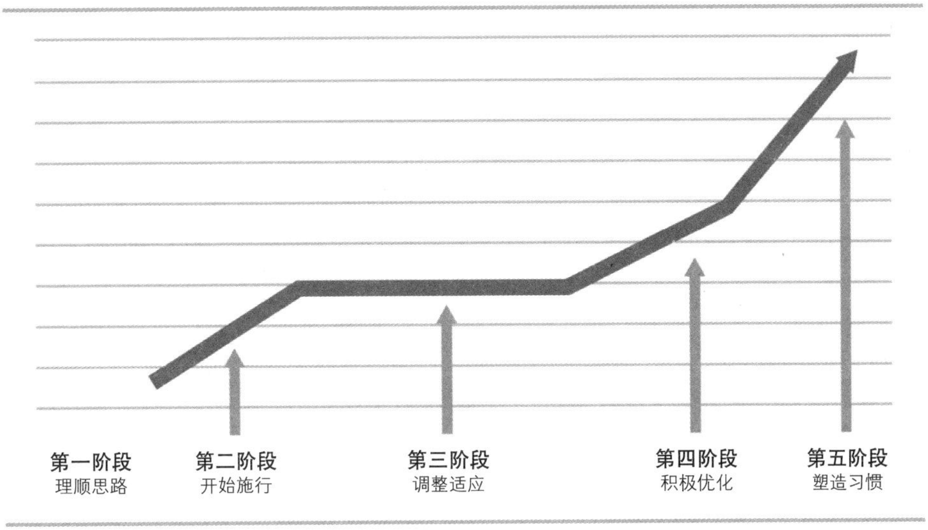

最开始，成绩总是提升很快，但是到了调整适应阶段时，整个团队都在调整适应新的思维模式，这时候工作表现就到达了一个暂时的稳定期。一旦整个团队适应了新的思维模式，真正的效益就将继续迸发。

我们在本书的开头就提到，作为一个领导者，你面临的唯一真正挑战，就是如何改变人们的行为习惯。

高效执行4原则已经被实践一再证明是应对这个挑战的良方。在接下来的章节里，我们将带你一步步逐个原则地学习，应该怎样把高效执行4原则运用到你的团队中去。

Installing Discipline 1

运用原则1

▼

聚焦最重要目标

Focus on the Wildly Important Goal

最好的团队表现始于选定一两个最重要目标。聚焦于这一两个终极目标，是高效执行4原则的最基础准则，不然，你的团队就可能迷失在日常事务的重重迷雾之中。

很多团队同时拥有多个目标，甚至几十个目标，所有的目标都有着最高优先级，但这也意味着任何一个目标都没有最高优先级。

我们的一个客户这样总结道："当你同时为很多目标奋斗的时候，实际上只是徒劳，因为你的能力总是有限的，铺开到那么多的目标上，对哪个目标都不起作用。"

因此，选择正确的最重要目标是非常重要的。很多领导对于要不要选定一两个最重要目标犹豫不决，因为他们害怕选错了，又担心完成不了。尽管如此，一旦你选定了一个最重要目标，你就创建了一场有意义的比赛，赌注很大，奖赏也将是丰厚的。在这个比赛当中，你的团队将表现得非同寻常。如果你决心去赢得胜利的话，原则1是必不可少的。

第一步：考虑各种可能

最开始，不妨来一场关于最重要目标的头脑风暴。哪怕你已经认为心中有确定的最重要目标了，这一环节也是有意义的，我们见过太多在此之后改变想法的案例了。

根据你的团队在所在组织中的归类，可以适当选择开展头脑风暴的方式方法。

如果	那么
团队所在的组织拥有多个目标。	搜集哪些才是组织的最重要目标。
团队所在组织的高层已经指派了最重要目标。	思考怎样才能更好地达到组织的最重要目标。
团队上面没有其他组织（比如说小公司或者非营利机构）。	搜集能对完成目标或者实现公司增长产生最大影响的方法。

集思广益，收集点子

你有三个选择。

- 和同级别的负责人展开头脑风暴，尤其是当你们聚焦于相同的组织目标时。即使你担心他们可能不懂你们团队的业务，他们的意见依然是有价值的。
- 和你的团队成员或者一部分成员代表展开头脑风暴，很明显，如果他们加入到制定最重要目标的过程中来的话，他们在工作中将把握得更好。
- 独自思考。你也可以先想好一个最重要目标，等到制订引领性指标的时候再和团队成员商榷。

自上而下VS自下而上

最重要目标应该是来源于领导还是团队成员呢？

自上而下：一个不听取团队成员意见就制定最重要目标的领导，可能会面临如何调动团队积极性的问题。如果他仅凭自己的权力来对团队成员进行问责的话，可能很难得到整个团队的高水平工作表现，而且还有丧失团队成员坚持不懈、力求创新等优良品质的危险。

根据高效执行4原则，在制定最重要目标的时候，领导层负责自上而下地定义战略方向，团队成员则应自下而上地提出建议，使大家能够对制定的最重要目标有强烈的投入感和责任感。

自下而上：完全来自团队成员内部的最重要目标，可能会与整个组织的最重要目标关系不紧密。在这种情况下，由于缺乏明确的方向，团队的每一步前进可能都要花费宝贵的时间和精力来达成一致。

自上而下+自下而上：最好的情况是，团队负责人和团队成员都加入到制定最重要目标的过程中来。领导们比较明白，对于整个组织来说，到底什么才是最重要的。归根结底，领导者是要对最重要目标负责任的，但是离开了团队成员全心全意的投入，单凭发号施令可能不足以完成目标。因此，有必要把团队成员吸纳到制定最重要目标的过程中来，毕竟，没有参与感就没有责任感。

发现问题

在寻找最重要目标的过程中，我们发现有三种问题非常有用。

- “为了实现组织的整体目标，假设其他方面不发生改变的前提下，我们团队提升哪方面的表现可以对整体目标的实现产生最大的影响呢？”（这个问题要比“我们可以做的哪些事情最重要”更加好用）。

- “为了保证组织整体目标的实现，我们团队可以在哪方面做出最具杠杆作用的贡献呢？”（这个问题将会涉及一些团队已经做得比较好的方面，但是你们可以做得更好）。
- “为了实现组织的整体目标，我们团队有哪些最薄弱环节亟需改进呢？”（这个问题，将会涉及一些表现欠佳的领域，如果不加以改进的话，就会威胁到整个组织目标的实现）。

不要仅仅为你的最重要目标相处几个备选建议，要尽量多地去搜集合理化建议。经验证明，最重要目标的备选清单越长、越有创意，最终的选择质量就会越高。

在这个阶段，你们只需要想“什么是最重要目标”，而非“怎样实现”，不要把注意力从选择目标转移到如何实现上去。实现最重要目标往往需要新的、更好的行为习惯，而我们将在原则2中讨论这个事情。在制定目标的阶段，不要被“怎样实现”吓倒了。

一家五星级酒店这样制定自己的最重要目标，到年底将今年的年收益从去年的5400万美元提高到6200万美元，之后这家酒店的各个部门结合此目标，分别展开了自己团队内部的头脑风暴。

客房服务	将客房清洁到前所未有的干净，做到极致，我们准备好了——加油！
增值服务	和当地的体育及文化场馆加强合作。
代客泊车	保证客人提车无需久候。
前　台	提高办理业务速度，做到前台无排队。

下面让我们来看一下其中活动管理部门实际的目标备选清单。由于这个部门既可以选择增加收入，也可以选择减少开支来提高整体效益，他们通过头脑风暴产生的点子也涵盖了这两点。

活动管理部门团队

增加收入

- 增加团体活动和年会次数；
- 增加每次活动中的食品和饮料销售；
- 增加在高级酒吧举办活动的比例；
- 在酒店中增加婚庆服务；
- 增加“一条龙服务”活动的比例。

削减开支

- 减少每次活动的延时开支；
- 减少客房的一次性用品开支；
- 减少总体餐饮开支；
- 减少应急和外出服务的开支。

第二步：按影响力排序

在你对备选清单感到满意之后，接下来要做的就是，从团队候选目标中选择最有可能给组织整体目标带来最大影响的选项。

计算一个团队最重要目标对组织整体最重要目标的影响力大小，还要看整体目标的特点，一般来说可以分为以下几类。

组织整体最重要目标	为团队最重要目标排序，依据……
财务目标	预期收益、利润率、投资表现、现金流、节省的开支。
质量目标	获得的功效、循环时间、生产率提高、客户满意度。
策略目标	服务于使命、获得竞争优势、把握机会、降低风险。

苏珊是该酒店领导活动管理团队的经理，负责组织会议、宴会和其他特殊活动。在第一阶段，他们确定团队目标要为酒店提高收益的整体目标服务。

为了精简目标清单，他们开始计算每个候选目标的经济效益。找出对自己团队经济效益最大的候选目标并不难，但这未必是最终的正确决定。

难题就在于，如何根据对酒店整体最重要目标的影响力来对团队潜在目标进行排序。换句话说，他们要找的是那些最能提高酒店整体效益的团队目标。他们排序的最终结果，是增加婚庆服务，因为婚庆服务不仅能提高他们单个部门的经济效益，还可以带来客房、餐厅甚至温泉服务的效益提升。

在进行排序的时候，最需要注意避免的问题就是，有些目标可能有助于提高本团队的表现，但对实现所在组织整体目标的意义不大，这些目标显然不应该是首选。

最后，苏珊和她的团队选择了两个最重要目标，它们可以对提高酒店的整体效益产生最大的影响。

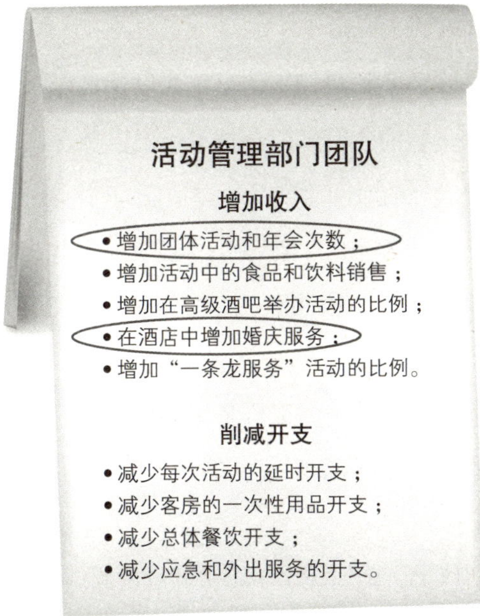

一家大型制药公司采取了类似的方法来选定他们的最重要目标，将新产品推向市场的时间从七年半缩短到五年。对于这家公司来说，一种拳头产品的年销售额高达十亿美元，“时间就是金钱”这句谚语，对他们来说绝非妄语。

质量监督部门的主管克里夫，负责监督公司产品通过各个国家的药品管理认证，他明白每一家公司的每一种新药都要经过复杂的认证流程才能上市销售。

在第一步中，他的团队想出了以下几个候选目标。

1. 撰写符合各个国家要求的统一的产品说明书，而不是像以前那样，按每个国家的要求单独撰写一份产品说明书。

2. 聘用一些从政府退休的监管者作为公司顾问。

3. 减少产品说明书中的错误。

4. 游说各国政府，放宽对新药的监管认证，从而使新药可以更快地通过认证。

一些团队成员就目标2展开了激烈的讨论，他们认为本部门确实缺少相关的专家指导。另外一些人则认为政府部门在药品认证方面已经受到很多批评了，目标4是值得考虑的。目标1也是很重要的，因为要为各国不同的标准分别撰写产品说明书，实在是太麻烦了。

但是当他们以公司的整体目标来衡量这些候选目标时，就发现了一些之前没有留意到的问题——政府主管部门会把有错误以及含糊不清的产品说明书发回公司修改，这上面消耗的时间对产品通过认证的时间影响很大。

显然，从这一点出发来看，目标3就成了这支团队优先要做的事情。

在一个类似的例子里，一家北欧的大型海运公司宣布了当年的三大目标，提高质量、提升生产率、削减开支。

斯坦因负责主管公司在挪威的工厂装卸集装箱的工作，他发现公司的这三个大目标很模糊，但是他依然希望自己的团队能够为这三个目标做出重大的贡献。

在最重要目标会议上，他们想出了很多候选的团队目标，比如以下几个。

- 增加港口起重机的维护，以便减少卸货时间。
- 让每个人保证采用六西格玛原则，以改善装载流程。
- 重建铁路尽头的仓库，进而疏通集装箱到窗口的流程。

每一个候选目标都可以对其中一个公司总体目标做出贡献，但是没有哪个是可以同时影响到三个总体目标的。

最近，斯坦因阅读了一个关于马来西亚港口的网页，这家港口在最近打破了装卸集装箱的世界纪录，他们只需要7个小时就可以将一艘万吨巨轮卸载完毕，耗时只是业内平均水平的一半。

他把这个故事讲给他的团队听，他们的好胜激情一下子就被调动起来了，并最终选定了最重要目标，将每小时装载集装箱的数量翻倍。这将需要最大化他们的生产率和工作质量，但是装卸时间的缩短也将意味着开支的减少。

第三步：测试最棒的几个想法

一旦你们确定了几个最有影响力的候选目标之后，就可以利用最重要目标的四个特点来对它们进行测试了：

- 这个目标是否与组织的整体目标相一致？
- 这个目标是否可衡量？
- 谁拥有对目标的控制权，我们团队还是其他团队？
- 谁控制整个比赛，领导者还是团队成员？

是否一致？某个候选目标和整个组织的整体目标之间是否有直接联系？为了创建一个有意义的团队最重要目标，团队最重要目标和整个组织的最重要目标之间应有直接的联系。

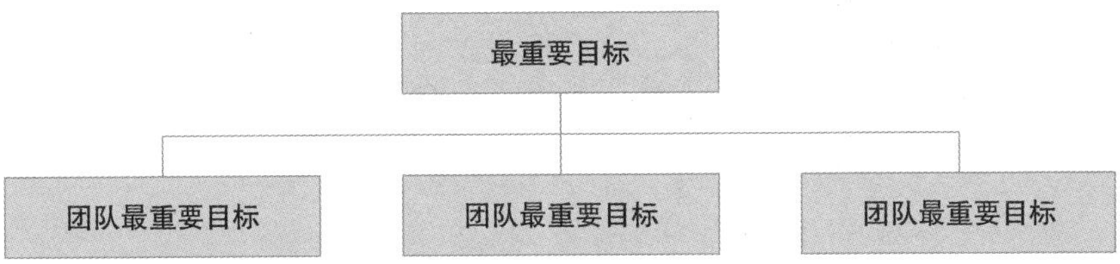

尽管这项测试看似相当清晰，但在实际中确实有很多团队，他们为一个好点子激动无比，却忽视了所在组织的整体目标才是最终极的目标。如果一个目标不符合这一条的话，果断把它划掉，看下一个候选目标吧！

是否可衡量？我们一个客户曾这样说：“如果不去记分，你就一直都是在练习。”一个没有公开透明的记分的比赛，是不能够成为有意义的比赛的。

最重要目标要求从开始执行那天起，就有一个令人信服的记分表。在一个目标开始执行之前，如果你发现衡量它难度非常大的话，最好的选择就是换一个目标。如果整个系统都已经开始围绕这个目标运转了，最后也要重新斟酌一下这个目标是否合适，在不可衡量的目标上投入的时间精力，最终都是浪费。

谁拥有对目标的控制权？ 你的团队能否达到对一个目标80%以上的控制权？这项测试是为了减少在实现目标的过程中对其他团队的依赖。80%这个比率，是用来衡量你的团队为了达成这个目标，对其他团队的依赖程度有多高。

如果你们对一个目标的控制权不足80%，那很有可能每个团队都不愿意对此目标承担责任，最终导致你们的最重要目标不了了之。

当然，如果两个团队拥有同一个最重要目标，只要各自的团队负责人和成员都能够荣辱与共地团结奋斗，联合起来也是可以带来巨大成就的。

谁控制整个比赛，领导者还是团队成员？实现这个目标的比赛，本质上是领导者的比赛，还是团队成员的比赛？

如果一个最重要目标过多依赖团队领导的表现的话，其他团队成员很容易失去对这个目标的兴趣，而一个团队的最重要目标，必须是要有整个团队的共同努力才能达成的，一个领导做得再多，也不可能独立完成。

经过这四项测试之后，你需要重新考虑候选清单上的目标。不要让团队去进行一个有瑕疵的比赛，在责任使命的压力下，这些瑕疵将会浮出水面，成为阻挠你们成功的大敌。

第四步：定义最重要目标

在经过了充分考虑和测试之后，你已经选出了对组织整体目标影响最大的团队最重要目标。这时候，要尽可能地将这个目标明确，并给出具体量化的方法。定义一个最重要目标通常可以遵循以下原则。

- 以一个动词开头。
- 以“到什么时间，把某指标从X提升到Y”的形式定义滞后性指标。
- 目标陈述要尽量简洁。
- 聚焦于“做什么”，而非“怎么做”。
- 确保最重要目标应该是可以达到的。

以一个动词开头

简洁的动词可以一下子把人的注意力吸引到行动上来，几乎任何复杂的动词，都有简洁的替代表达方式。

对最重要目标来说，过分冗长的描述也是不必要的，你只需要像下面的例子这样来进行表述就好。

理想的表述	欠妥的表述
削减开支…… 提高效益…… 提升客户满意度…… 增建一座工厂…… 推出新产品……	为了提高投资者的信心，保障员工的工作待遇，继续夯实巩固公司的基本价值，我们将在今年落实一个……的最重要目标。

定义滞后性指标

滞后性指标可以反映出你们是否达到了预定的目标，它们为团队最重要目标标记了一条终点线。以“到什么时间，把某指标从X提升到Y”的形式定义滞后性指标，可以参考以下的例子。

当前状态（从X）	预期状态（提升到Y）	截止时间（到什么时间）
错误率为11%	错误率为4%	7月31日
存货周转率为8	存货周转率为10	本财年结束时
投资年回报率为12%	投资年回报率为30%	3年之内

这几个最重要目标最终将会表述成下面的样子。

- 在7月31日之前，将错误率从11%降低到4%。
- 到本财年结束时，将年度存货周转率从8提升到10。
- 在三年之内，将投资年回报率从12%提升到30%。

保持简洁

前文我们曾说过，85%以上的员工不知道所在组织的最重要目标是什么。造成这一点的一个重要原因就是，**大多数组织的目标过于空虚、复杂而又假大空。**

理想的表述	欠妥的表述
在年底之前将客户忠诚度从40%提升到70%。	“我们承诺将进一步深化并丰富和客户之间的关系。”
在本年度将客户采用我们投资咨询服务的比例提升到25%。	“在即将到来的一年里，我们的目标是进一步促进投资和基础建设，并通过良好地协调客户关系来实现业绩的增长。”
在五年之内，推出三种销售额在1000万美元以上的新产品。	“我们希望强化产品创新，利用生物科技解决生物型资源的需求问题。”

聚焦于“做什么”，而非“怎么做”

很多团队定义了一个清晰的目标，却画蛇添足地在目标上附加了一大堆描述“怎么做”的话，这是不必要的。

理想的表述	欠妥的表述
在今后两年内将客户保留度从63%提高到75%。	通过提供更好的客户体验，在今后两年内将客户保留度从63%提高到75%。

你可以在运用原则2制订引领性指标的时候，详细筹划如何才能达到目标，但在制定目标的阶段，只需要关注“做什么”。

确保最重要目标应该是可以达到的

我们常常会遇到这样的领导，他们喜欢制定一些完全超出自己团队能力范围的目标，但是私下里又认为只要达到75%的目标，就可以心满意足了。这种扰乱团队成员对目标清晰度的做法，只会削弱团队对达成目标的使命感，最终也得不到最好的结果。

希望大家在这一点上要充分小心。我们并非鼓吹去建立一些毫无挑战性的目标。一个好的目标，应该既有一定的挑战性，可以激发出团队的高水平表现，又是在他们的能力范围之内的，简单点说，就是"跳一跳，够得着"的目标。

可行性

原则1中的可行性，是指团队的最重要目标和滞后性指标。

在前文所说的酒店中，苏珊的团队最终选择了"增加团体活动"作为他们的最重要目标，因为他们相信这样可以产生更多的经济效益，也可以给整个酒店带来更多的利润。

然后，苏珊仔细研究选取怎样的滞后性指标作为目标。制订合适的从X到Y的指标并非易事。这个目标必须有一定的挑战性，但又不能脱离实际。她要创建的不仅是一个有意义的比赛，还必须得是一个可以赢得胜利的比赛。

苏珊团队最终制定的最重要目标是清晰、可行，又有挑战性的。

——截止到年底，将来自团体活动的收入从2200万美元增长到3100万美元。

在学习了如何运用原则1确定最重要目标之后，你现在应该知道这个最重要目标还是比较简洁的。现在，这支团队终于有了一个清晰的目标，他们可以在日常事务之外，持续聚焦于此了。这个最重要目标就像指南针一样，坚定、明确地为这支团队指引方向。

试一试

使用下面的最重要目标创建工具，利用你的点子为团队制定一个最重要目标。

最重要目标创建工具

1. 利用头脑风暴得出候选目标。
2. 为每个候选目标制定滞后性指标（“到什么时间，把某指标从X提升到Y”的形式）。
3. 按照对整个组织或者全局最重要目标的影响力将以上候选目标排序。
4. 按照前文的四个特点，测试候选目标。
5. 写下你最终选定的最重要目标。

备选目标	当前状态（从X）	预期状态 （提升到Y）	截止时间 （到什么时间）	影响力排名

最终选定的最重要目标

你做得对吗？

按照以下内容逐项检查你制定的最重要目标和滞后性指标，看它们是否满足这些标准。

☐ 你是否收集了足够多的自下而上和自上而下的情况？

☐ 团队最重要目标是否清晰，是否对整个组织的最重要目标有可预见的影响力，而不仅仅是作用于本团队？

☐ 团队最重要目标，是不是最能驱动组织整体目标的事情？

☐ 团队本身是否有足够的力量来完成目标，而不需要过度依赖其他团队？

☐ 这个最重要目标是否需要整个团队的共同努力，而不仅仅是几个领导的事情？

☐ 滞后性指标是否可以写成“到什么时间，把某指标从X提升到Y”的形式？

☐ 最重要目标的表述是否还能更加简洁？它是否包含一个动词，并有明确的滞后性指标？

Installing Discipline 2

运用原则2

关注引领性指标

Act on the Lead Measures

一个伟大的团队，会把他们最好的努力投入到对最重要目标影响最大的事情上去，这些事情就是所谓的引领性指标。这一点既关键，又很有特色，但真正理解这一点的人却很少，所以我们将其称之为杰出执行力的秘诀。和常见的滞后性指标不同的是，滞后性指标只是告诉你是否达到了目标，而引领性指标可以告诉你是否可能达到目标。你可以使用引领性指标，去跟踪那些对达成最重要目标拥有最强大杠杆作用的行为。

如前文所述，引领性指标必须同时具有可控性和预见性，就像下面几个例子一样。

团队	滞后性指标	引领性指标
医院服务质量改进团队	到年底之前，将死亡率从4%降低到2%。	每天检查两次重症病人的体征，以减少肺部呼吸障碍。
船运公司调度团队	在本季度，将货车运输开支削减12%。	保证90%以上的运输卡车是满载的。
酒店	到年底，将每单平均成交额提高10%。	建议每桌客人品尝特制鸡尾酒。

以上每一个引领性指标都有着很强的预见性和可控性。这些团队可以增加在这些引领性指标上的发力，最后也就将换来滞后性指标数字上的增长。

关注引领性指标对于出色的表现具有重要的意义，但这也可能是高效执行4原则当中最难实践的一环，理由有三。

- **引领性指标可能违背直觉。**大多数领导都会关注滞后性指标，毕竟这是最终说明成绩的指标。这种思维也是很自然的，但是你不可能再改变一个滞后性指标了，它只意味着过去。

- **跟踪引领性指标是有难度的。**引领性指标往往是衡量新的行为习惯的指标，跟踪人们的行为习惯，显然要比跟踪结果难得多，而且，在大多数情况下，并没有现成的引领性指标跟踪体系来供你操作，所以你可能不得不自己创造一套这样的系统。

- **引领性指标有时候看起来太简单了。**引领性指标需要精确地把精力聚焦在一个特定的行为上，而这个行为有可能看起来不那么重要，特别是在外人看来。

举例来说，一家零售商店选择这样的引领性指标来促进销售——将每周热销货品的脱销种类控制在20种以下。这样普通的措施真的可以产生重要影响吗？还是他们根本就不需要这样做？但是如果这个简单的指标他们都做不好的话，经常感觉到他家缺货的顾客们就不会继续光临了。

在多数情况下，引领性指标为“知道”和“行动”搭建了桥梁，从而达到知行合一。一根小小的杠杆就可以撬动巨石，一个好的引领性指标也可以提供同样强大的杠杆力量。

两种引领性指标

在你和团队开始制订引领性指标之前，我们希望你们能够更多地了解这个强大工具的类型和特点。首先要了解的是，引领性指标可以分为两类，**阶段成果指标**和具杠杆作用的**重要行为指标**。

阶段成果指标是指那些关于团队每周达成什么成果的指标，但是给团队成员自由选择具体做法的空间，“将每周脱销货品种类控制在20种以下”就是这样一个阶段成果指标，人们可以采用多种不同的方法来达到这个指标，但是不论他们采用什么样的方法，最终都要为每周达标负责。

重要行为指标是指那些跟踪人员行为习惯的指标，这些行为习惯可能是你希望大家做到的。这样的指标使人们坚持以同样的水准采用新的行为习惯，并对他们的行为表现加以衡量。在这种具杠杆作用的重要行为指标下，团队成员必须要对他们的行为，而不是最终产生的结果负责。

这两种引领性指标都是运用原则2的有效方式，也都是可以为拉动结果提供强大动力。

最重要目标

在2011年底将平均月事故发生次数由
12次减少到7次

阶段成果指标	重要行为指标
每周达到97%的安全系数	确保95%以上的员工都正确佩戴了安全帽

上面这个例子来自我们在年轻兄弟集团的实践，他们的最重要目标是降低事故发生率。他们选择了阶段成果指标来保证安全，这导致他们需要引入多种新的行为习惯。如果他们认为同时聚焦这么多新的行为习惯很难成功的话，他们就应该选择一个简单的、具有杠杆作用的行为习惯，比如说佩戴安全帽（六条安全守则之一），并随着时间的推移，将新的行为习惯固化为整个团队的行为习惯。

以下这个例子来源于我们和一家大型连锁超市的合作项目，促进销售的一个重要因素就是保证最畅销的货品不脱销，这样顾客就更容易买到想要的商品。他们选择了这样的引领性指标——每天完成两次额外的货架检查，每一个超市员工都可以参与这份工作。

最重要目标

在年底之前，将每周平均销售额从100万美元提高到150万美元

阶段成果指标	重要行为指标
将每周平均脱销货品种类限制在20种以下	每天完成两次额外的货架检查，并及时补货

我们举这两个例子的目的，是为了让读者明白，这两种引领性指标都可以对达成最重要目标产生实质性的作用。这两种指标本身并无优劣之分，你需要做的是选择适合自己团队的指标类型。

以下是选择具有强大杠杆力量的引领性指标的几个步骤。

第一步：考虑各种可能

首先展开一场头脑风暴，考虑各种可能的引领性指标，要注意规避过早下决定的诱惑。经验一再证明，开始时准备的候选项越多，到后来制订的指标质量才越高。

我们也准备了几个有助于寻找引领性指标的问题。

- “我们可以做哪些之前从来没有做过的事情，帮助我们达成最重要目标？”
- “我们团队的哪些力量，可以用来对最重要目标产生杠杆作用？我们有哪些局部优势？我们和最好水平还有哪些差距？”
- “哪些不足限制了我们最重要目标的达成？我们更应该坚持去做哪些事情？”

例如，一个超市的最重要目标是这样的——实现5%的年销售额增长率。以下是一些备选的引领性指标。

确定新的、更好的行为
• 在傍晚五点到七点之间的高峰期，派人在门口迎接顾客，并帮助他们寻找商品。 • 准备好纸质和电子版的商品目录供客人参阅。
有力的局部优势
• 每个月在每个部门举办有创意的新商品展览会。 • 将面包店使用的顾客满意度检测表推广到所有部门。
固化不持续的行为
• 每两个小时检查一次货架是否有空缺。 • 在任何时候让顾客排队少于两个人。

注意，要始终把精力放在那些可以驱动最重要目标的点子上，而不要把注意力偏移到讨论一般化的好做法上去，不然，你最后得到的就会是一大堆毫不相干的清单。

关于有效的引领性指标，一个著名的案例就是3M公司的15%法则。在几十年的时间里，这家大公司都坚持“创新产品，永无止境”的战略目标。为了驱动这个最重要目标，他们采用了这样的引领性指标——要求他们的研发团队把15%的时间利用在自己选择的项目上，以此促进创新。畅销书作家吉姆·柯林斯这样评论道：

“对3M公司的研发人员来说，没有人告诉你在什么新产品上投入工作，只会有人告诉你怎样工作。这样宽松的氛围最终孕育了大量的创新发明，从著名的即时贴，到不太出名的反光车牌，甚至是可以在外科手术中替代心脏功能的机器。在15%法则的刺激下，3M公司的销售额和盈利增长了40倍。”

像3M公司的15%法则这样完美的引领性指标，将会极大地推动最重要目标的实现，而且完全是在团队的控制能力之内的。

第二步：按影响力排序

在得到满意的备选清单之后，下一步就要从中寻找对团队最重要目标潜在影响力最大的引领性指标了。

对前面那家想要提升经济效益的酒店来说，苏珊主管的活动管理部门制定了这样的最重要目标，截止到年底，将来自团体活动的收入从2200万美元增长到3100万美元。

在一次高效执行4原则工作会议上，苏珊带领她的团队就这个最重要目标的引领性指标展开了热烈的头脑风暴。

现在，苏珊和她的团队已经将注意力集中到了对达成团队最重要目标最具有影响力的三个候选指标上了。

1. 增加客户现场参观的次数 根据经验，苏珊团队知道，不论何时，只要他们能够成功邀请一个客户来酒店进行现场参观考察，这个客户选择在这里举办活动的可能性就会提高很多。

2. 提高酒吧增值服务的销售 由于酒吧增值服务的利润率是很高的，因此如果每个活动都选择了这个增值服务，就可以大幅提升收入和利润。

3. 提供更多高质量的建议 提供建议是销售流程的最后一步，所以这一步做得越好，成交的可能性就越大。这个主意要求提供给客户的每一个建议都是达到一定标准的高质量建议。

注意!

在生成了引领性指标候选清单之后，我们经常可以听到一些团队成员这样说："所有这些事情都是需要努力去做的。"没错，能进入清单的都是值得做的好事情，但同时去做的事情越多，分散给每一件事情的精力就越少。

另外，将精力集中在少数引领性指标上，可以产生更强大的杠杆作用，就像我们常说的："一根杠杆必须移动很长距离才能撬动巨石一点点"。换言之，一个团队必须在一个引领性指标上付出大量的努力，才能推动滞后性指标的前进。如果引领性指标太多的话，你们的时间精力都会捉襟见肘的。

第三步：测试最好的几个主意

一旦确定了几个最具杠杆作用的备选指标之后，你们就可以根据以下六个标准来对它们进行测试了。

- 这个指标是否对最重要目标具有预见性？
- 这个指标是否具有可控性？
- 这是一个长期指标，还是一次性的？
- 这是一个领导的比赛，还是整个团队的比赛？
- 这个指标是否可衡量？
- 这个指标是否值得衡量？

这个指标是否对最重要目标具有预见性？

这是第一条也是最重要的一条测试。如果一个候选指标在这项测试中失败，甚至只要这一项测试结果处于一般水平，那就果断忽略掉它吧！毕竟，我们最终想要达到的是最重要目标。

你的团队是否可以影响这个指标？

从影响力的角度来说，你们需要检验自己的团队能否对这个指标有80%以上的影响力。就像原则1中所说的一样，这项测试有助于减少你们对其他团队的依赖。

下面是苏珊的活动管理团队列举出来的一些不可控指标，以及相应的替代指标。

不可控的引领性指标	可控的引领性指标
将食品饮料的利润率提高20%。	改进宴会可选菜谱，提高酒吧增值服务的销售。
挽回流失的老客户。	联系流失到其他酒店的客户，并利用有说服力的建议尽力挽回。
预定更多的会议。	积极参加每个月的会议筹备大会。

记住，一个完美的引领性指标不需要太多依赖其他团队，就能有效推动滞后性指标前进。

这是一个长期指标，还是一次性的?

完美的引领性指标将会改变人们的行为习惯，并给滞后性指标带来持久的改善。尽管围绕某个一次性指标的攻关可以带来暂时的改进，但是这并不能形成人们的行为习惯，对整个团队的团队氛围也起不了多少作用。

下面是苏珊团队用过的一些例子，清楚描述了这两种指标的区别：

长期指标	一次性指标
确保让每一个客户都留意到我们的多媒体扩展功能，并得到定制化的个性服务。	更新所有的多媒体设备。
全部满足宴会餐桌设置清单。	就餐桌设置进行一次员工培训会议。
参加每一次商会会议，并联系在本地最新开业的每一家公司。	加入商会。

尽管那些一次性指标所涉及的行动，往往可以带来暂时的效果，可能还是相当可观的效果，但是只有一个团队养成了良好的行为习惯和团队文化，才能带来可持续的不断进步。

这是一个领导的比赛，还是整个团队的比赛?

你们团队的行为，必须要能驱动引领性指标。如果仅仅是团队领导或者其中某一个人的行为可以驱动这项指标，团队的其他成员很快就会对该指标失去兴趣。

例如，一个质量检测体系需要领导经常对产品质量进行检查监督，其结果也会不断得到提升。

如果一个引领性指标需要更频繁地检查的话，就通不过这一项测试了，因为只有领导可以进行检查监督，但如果这个点子是要所有人都定期对产品质量进行检查的话，它就变成了整个团队的比赛，每个人都可以参与和投入进来。

类似的，很多组织中那些填补某个人事空缺、减少加班时间、改进日程计划等指标，通常都是属于领导们的比赛。记住，只有引领性指标属于整个团队时，它才能把每一个人和团队最重要目标联系起来。

这个指标是否可衡量?

如我们所说，引领性指标的确切数据往往很难获得，大多数团队也没有现成的对引领性指标的跟踪体系，但是要想达到滞后性指标的成功，就必须要能够成功地跟踪这些引领性指标数据。

如果这个最重要目标确实很重要，你就必须设法去量化那些新的行为习惯。

这个指标是否值得衡量?

如果一个指标需要的投入超过了它的价值，或者会有严重的不确定后果，那么它就不适合作为引领性指标。

例如，一个大型快餐公司雇用了专门的巡视员对每家加盟店进行巡视，以检查其是否遵守了公司的统一标准，然而巡视员很容易被理解为侦探，然后这些加盟店就会有一种不受信任的感觉。这样一来，除了雇用巡视员的直接成本之外，该公司还不得不付出信任的代价。

最终，苏珊团队选择的几个引领性指标通过了全部这些测试。在测试过程中，他们发现几乎每一次客户来现场参观都会带来一些好的建议，所以他们决定把精力投放于邀请更多的客户来进行现场参观，以及随之而来的建议。

第四步：定义引领性指标

在确定引领性指标的最终形式时，回答以下几个问题。

我们可以跟踪每个人以及团队的表现吗?

这个问题将会影响到如何维持更新你们的记分表，如何设计它，以及如何让你的团队保持责任感。保持对每个人表现的跟踪可以有效激发人们的责任感，但也最难做到，因为这需要跟踪每一个人在同一个指标上的表现。与此相对应，跟踪团队表现则允许个体差异的存在，我们只需要关注团队指标的达成即可。

我们应该每周还是每天跟踪一次指标？为了最大程度激发出大家的士气，团队成员至少每一周都要能看到记分牌上的更新变化，否则他们很快就会丧失兴趣。逐天跟踪每个人在同样指标上的表现，可以创造出最高水平的责任感，而逐周跟踪的话，则允许人们的状态有一定的起伏，只要他们在周末能完成指标就好。

以下是对同一个指标逐天/逐周/个人/团队的跟踪对比。

个人指标	团队指标	
每个副经理每天热情地接待20个以上的顾客，并提供咨询服务。	一个小组每天热情地接待100个以上的顾客，并提供咨询服务。	逐天跟踪
每个副经理每周热情地接待100名以上的顾客，并提供咨询服务。	一个小组每周热情地接待700个以上的顾客，并提供咨询服务。	逐周跟踪

在你的决策过程中，还需要考虑以下因素 。

个人指标	团队指标	
• 每个团队成员必须达到引领性指标。 • 在跟踪指标过程中，问责具体到每个人。 • 记分表更新很快，细致入微。	• 即使个别成员没有达成预定指标，整个团队也可能成功。 • 团队整体的成功，可以掩盖个别成员的不佳表现。	逐天跟踪
• 即使一个人在某几天的小目标上失败了，他也可以成功完成周计划。 • 只有每个人都成功达标，团队才能成功。 • 记分表更新比较快，相对细致。	• 即使某几天的小目标没有成功，团队也可以成功完成周计划。 • 团队整体的成功，可以掩盖个别成员的不佳表现。 • 整个团队会集体成功或者失败。	逐周跟踪

指标的数量标准是什么？

换句话说，“我们希望做多少/多久做一次/做多久？”在年轻兄弟集团，引领性指标就是97%地落实六条安全守则。他们怎样才能达到97%的目标呢？换作是你，你会怎样做？

你会基于最重要目标的重要性和紧急程度来做决定，就像在用杠杆撬石头一样，杠杆得移动很大的幅度，石头才能被撬动一点点。如果原来安全守则的落实比例只有三分之二的话，提高到97%将会产生极大的效果，特别是涉及生命和人身安全时，这个效果尤其突出。在选择引领性指标的时候，要注意避免选择那些过分具有挑战性、成功无望的目标。

例如，在荷兰，每一个送到医院的病人都要先进行擦拭消毒，这个消毒灭菌的动作是防止感染的一个关键的引领性指标。显然，对每一个病人进行这样的消毒是需要消耗时间和资源的，但这是可操作的。其他国家的卫生标准要低一点，他们只会对部分病人进行这样的消毒，对他们而言，零感染并非最重要目标。

有时候，你可以从不断的尝试和错误反馈中发现合适的指标值。一个建筑材料供应商在每周都会给所有客户发送两封电子邮件，但是得到的回应却很少。当他们试着每周给每个客户发送三封邮件时，他们的业务就纷至沓来。三封邮件与两封邮件相比，有何神奇之处呢？天知道！

如果你要制订的指标，是关于你们曾经做过的事情的话，把标准制定得比当前的水平高一些是很重要的，不然，你们可能会犯这样的常见错误，即重复以前的动作，却希望得到不一样的结果。

指标的质量标准是什么？

换种说法，“我们应该做到何种境界？”

并非所有的引领性指标都需要回答这个问题，但是，绝大部分重要的引领性指标都不仅仅需要确定一个数量指标，它们还需要说清楚这个团队需要做到何种程度。

在年轻兄弟集团，六条安全守则就是引领性指标的质量成分。对于一个侧重于生产设备的企业，他们需要遵守的可能就是质量控制流程。

指标的核心词汇是否是动词？

简洁的动词可以将人的注意力集中在行动上。

最重要目标	引领性指标
在季度末，完成200万美元的额外收益。	每周额外拨出500次业务电话。
在财年末，将我们拍卖商品的成交率从75%提高到85%。	确保我们的拍品质量鉴定书能和拍品达到98%以上的符合度。
在两年内将顾客忠诚度从40分提高到70分。	每周满足该周99%的顾客服务需求。
将今年的专利产品转化数量从8件提高到10件。	就每一项专利产品向相关部门发送三封电子邮件。

指标表述是否简洁？

用尽可能少的语言来表达你的指标，去掉不必要的套话，比如：“为了达到我们的最重要目标，为了超出我们客户的预期，我们将要……”这个“将要”之后的内容才是引领性指标的实质内容，不需要再画蛇添足。无论如何，一个清晰的表述足以包含那些套话的大部分内容。

关于面向过程的引领性指标的一些注意事项

寻找有用的引领性指标的另一个途径是，确定你的工作在整个流程中所占据的环节，特别是当你知道，自己的最重要目标来自于一套工作流程的时候，比如，一个来自于销售流程的销售收益目标，一个来自于制造过程的质量目标，或者一个来自于项目管理过程的完成情况目标。

以下是一个十一步基础销售流程图。

创建流程的难题总是类似的，这个流程是否能够带领我们达成目标？我们可以遵循这样的流程吗？我们的流程是否合适？

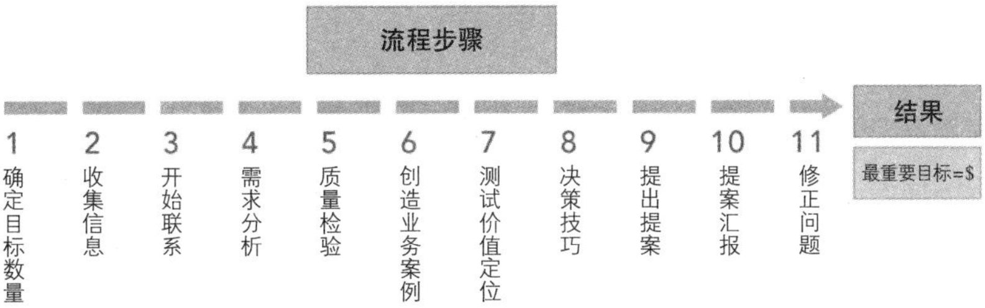

在每一个流程中，都有一些可以起到杠杆作用的关键步骤。如果将这些关键步骤作为引领性指标，团队就可以在其上集中更多的精力。

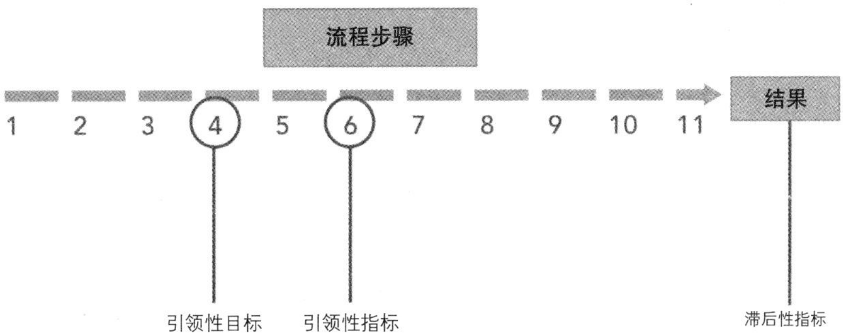

在上图中，这支团队决定在需求分析（步骤4）和创造业务案例（步骤6）上花费更多的精力，并认为这样有助于产生更好的结果——他们在放手一搏。

现在，这个团队从这些关键步骤中确定了引领性指标，他们会这样问：“我们怎样才能衡量一个需求分析好不好？”“我们怎样才能确定完成了一个成功的业务案例？”在大多数情况下，这样瞄准关键环节的引领性指标，比妄图一下子提升整个过程的方法更为有效。那样的话，领导将不得不把有限的精力平摊到整个过程中，团队也难以在任何一个环节打破原有的旧框架。

高效执行4原则为领导锁定最关键环节提供了有效方法，使他们能够集中力量，各个击破。

可行性

原则2中可行的指标是指那些可以推动滞后性指标完成的引领性指标。

苏珊团队的引领性指标的最终形式简洁明确，但也很有挑战性。

- 每个副经理每周完成两次有成效的现场参观。
- 在90%的业务中推广我们的酒吧增值服务。

原则2为苏珊提供了一个清晰、简洁、可衡量的策略，这不但提高了她们团队的业绩，也直接为整个酒店增加了效益。

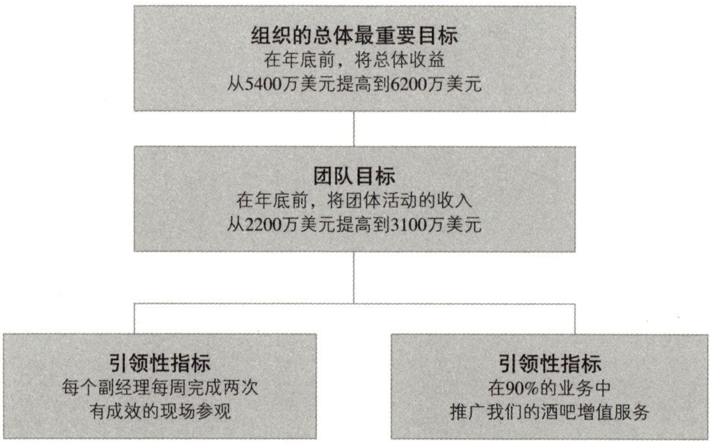

对于许多团队来说，原则2都是有足够的理由激动人心的，因为在原则2的帮助下，他们不但有了一个最重要目标和完成目标的最终时间期限，同时还有了一整套科学构建起来的引领性指标。对于其中的大部分团队来说，这是他们有史以来制订的最具有执行力的计划了。他们坚信，已经完成了所有必要的准备工作，走向成功已经是万事俱备，只欠东风了。

可惜的是，他们高兴得还是有点早了。

尽管他们设计了一个漂亮的比赛，但是如果不采取原则3的话，他们的完美计划依然会被湮没在日复一日的日常事务中。

试一试

使用下面的引领性指标建立工具，试着为你们的最重要目标确定引领性指标。

引领性指标建立工具

1. 将最重要目标和相应的滞后性指标填入表格第一行。
2. 开展头脑风暴，列出候选的引领性指标。
3. 开展头脑风暴，研究评估候选指标的标准。
4. 按照对最重要目标的影响力对候选指标排序。
5. 按照下页的列表逐项测试你们的候选指标。
6. 得出你们最终的引领性指标。

候选的引领性指标	如何衡量	影响力排序

最终的引领性指标

你做得对吗?

逐项检验，确保你们团队的引领性指标可以有效推动你们最重要目标的达成。

☐ 你们是否从团队内外收集了足够多的候选指标?

☐ 选定的引领性指标是否对最重要目标具有预见性? 就是说，它们是不是你们团队所能做的、最能影响最重要目标结果的事情?

☐ 选定的引领性指标是否具有可控性? 就是说，你们团队是否具有足够的能力去推动这些指标?

☐ 选定的引领性指标是否完全可衡量? 就是说，你们能否从第一天开始就对团队在这些指标上的表现进行跟踪评测?

☐ 选定的引领性指标是否值得努力? 或者说，收集它们所消耗的资源会不会比得到的收益更大? 这些指标会不会导致不可预测的后果?

☐ 是否每个选定的引领性指标都有一个核心动词?

☐ 是否每个选定的引领性指标都是数量指标，还是也包括一些质量指标?

Installing Discipline 3

运用原则3

坚持激励性记分表

Keep a Compelling Scoreboard

原则3是关于士气的原则。即使你们已经利用原则1和原则2明确了清晰有效的比赛规则，但是除非整个团队的激情都被调动起来，否则你们仍旧发挥不出最好水平。只有人们随时知道自己的输赢时，他们的激情才会迸发。

激发士气的关键在于要有一个庞大的、实时的、持续更新的选手型激励性记分表。我们为什么要如此强调记分表的作用呢?

在富兰克林柯维公司最近对零售商场的调查中，我们发现73%的行业领先者遵从这样的观点：我们的成功指标是可见的、可达到的，且可以持续更新。相比之下，在那些业绩平平的落后者中，只有33%的团队认同这一观点。因而对这种可以让人们随时知晓自己输赢的记分表，领先者的认同比例竟然是落后者的两倍还要多。为什么会这样呢?

首先我们来回顾一下三个规律。

在有记分的时候，人们会表现得更好

使用教练型记分表和选手型记分表，其表现的差别也是非常显著的，因为使用选手型记分表意味着团队成员共同拥有对比赛结果的控制权，这是属于他们的比赛。

教练型记分表不等同于选手型记分表

一个教练型记分表是很复杂的，其中会充斥各种数据，而一个选手型记分表则非常简单，它只需要显示出几个关键的指标，告诉选手们他们是占据优势还是处于下风。这两种记分表有不同的服务对象和目标，作为一个领导者，你需要引导整个团队前进，但是不能脱离团队成员们的参与，去武断地建立一个选手型记分表。

选手型记分表的目标
是为了激励所有团队成员取胜的士气

如果一个记分表不能有效激发人们工作热情的话，对于团队成员来说，它就不是一个具有足够激励性的记分表。所有团队成员都应该能够看到这个记分表，随时了解它的更新变化，每时每刻。它们会经常被大家挂在嘴边，人们永远不会忽视这样的记分表。

在本节中，你将学会怎样把所有成员组织起来，一起去建立一个属于你们的选手型记分表。你也将会了解到，不同的记分表将会导致人们采取不同的行为习惯。

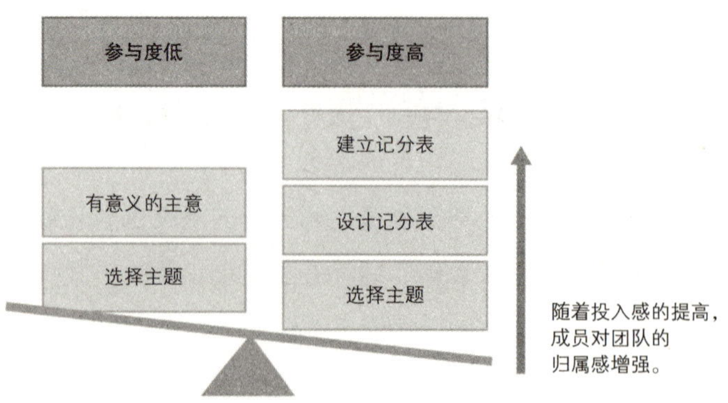

我们发现，一个团队在设计记分表的时候，全体成员的参与度越高，他们对这个记分表的责任感就越强，对整个团队的归属感也就越强。

第一步：选定主题

为你们的记分表选择一个主题，以此来持久清晰地跟踪你们所关心的指标。以下是几种典型主题。

趋势线

在各种可以用来展示滞后性指标的记分表方式中，趋势线可以直观展现出“到什么时间，将某指标从X提升到Y”的进度。

击败山羊

最重要目标：在十月底之前，
为户外展会预定428家参展商。

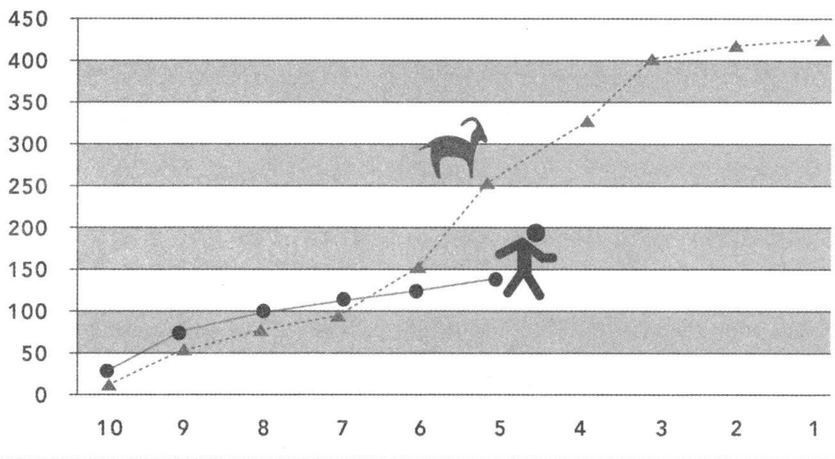

速度表

就像汽车上的速度表一样，这种记分表可以用来即刻展示当下的指标情况，这对于有关时限的指标（周期时间、处理速度、上市速度、回复时间等）是非常理想的。

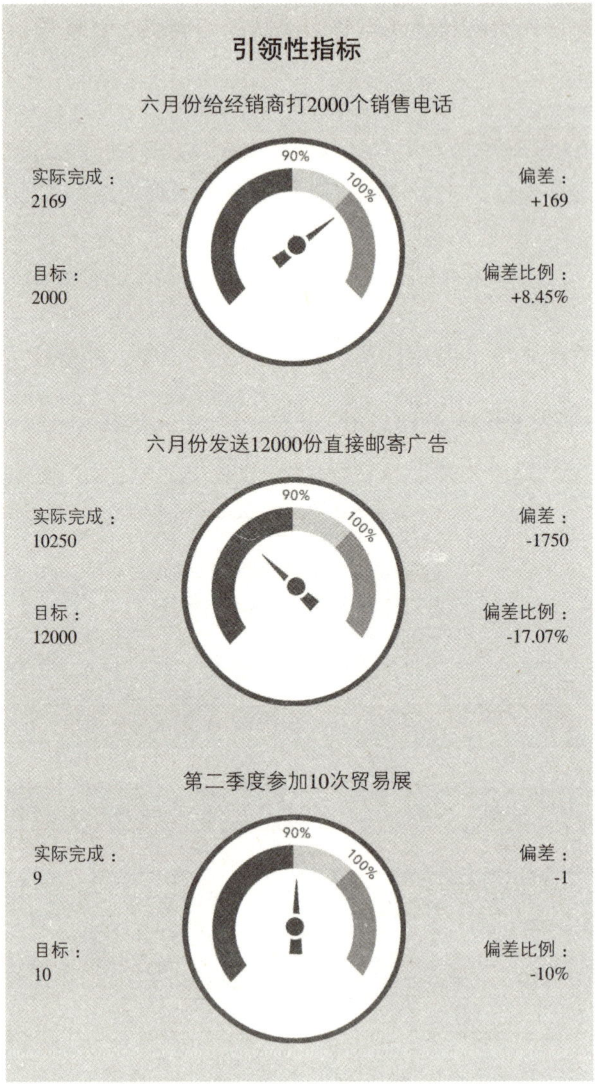

柱状图

这种记分表对于比较团队之间的表现差别非常有用。

引领性指标

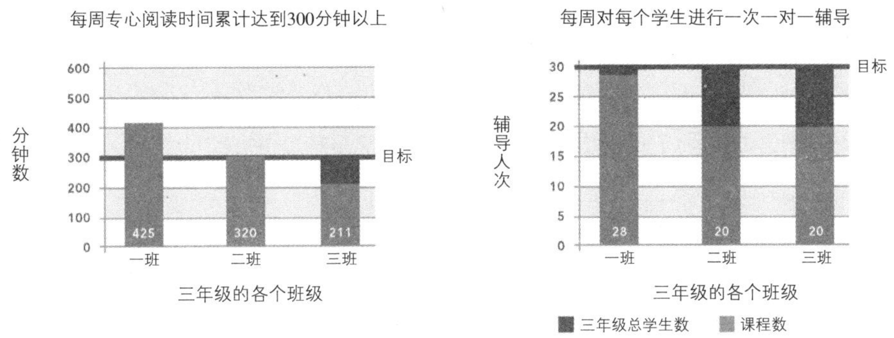

现场图

一个现场图中包括一些不同颜色的符号或指示灯，用来表示当前的进度。绿灯表示工作进展顺利，黄灯表示有不达标的危险，红灯表示当前进度已经落后于计划了。这类记分表对于展示引领性指标的当前状态非常有用。

个性化

当团队成员可以个性化设计属于他们自己的记分表时，这样的记分表往往对他们来说更有意义。他们可以在记分表上添加一个团队名字、成员照片、漫画形象或者其他可以代表该团队的标志。记分表个性化不仅仅是为了好玩，它还有着更重要的功能。他们越觉得这个记分表是属于自己的，才会越觉得这个记分表所展示的成绩与他们息息相关，达到团队的最重要目标将使他们感到骄傲。

我们已经可以看到，那些思维最为被动保守的人们也会全心投入其中。医院护士把外科手术工具放在他们的记分表上，工程师为他们的记分表添加了手电筒的标志，摩托车赛手把皮裹腿作为自己记分表的形象。当这些记分表变得个性化时，他们的投入程度就会大幅提高。

第二步：设计记分表

一旦你们决定了想要采用的记分表主题和类型，你的团队就应该开始考虑以下问题了。

记分表是否简单?

要坚决抵制把过多的数据都塞到记分表里的冲动，比如那些背景数据、历史趋势、年度对比、未来展望等等，没有必要全部放在这个记分表里。记分表并非是布告栏，可以把所有工作报告、状态更新或者其他日常信息都放进去，这些只会分散团队成员的注意力。在繁琐的日常事务中，保持对最重要目标的聚焦和关注，是使大家能够持续投入的关键因素。

理想的记分表

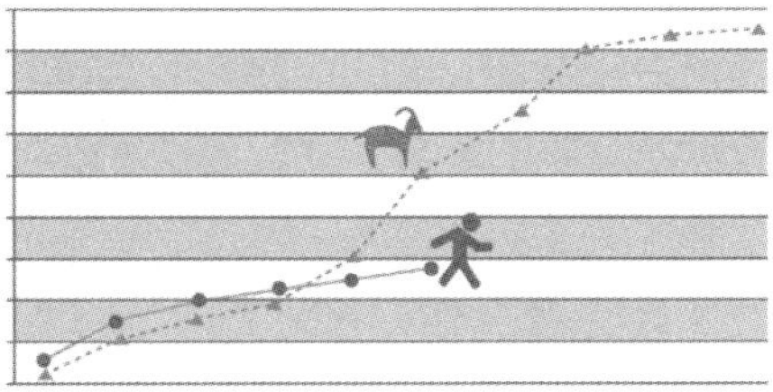

欠妥的记分表

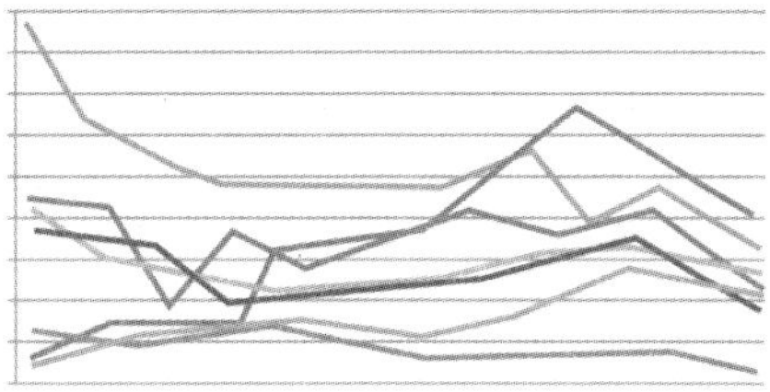

在左边的记分表中，团队成员可以一眼看出他们是赢是输，但是如果采用右边的记分表的话，他们可能就不得不仔细研究之后，才能看出这一点，因为里面的干扰信息太多了。

记分表能否让大家随时看到？

要把记分表张贴在大家都能经常看到的地方。记分表越醒目，团队就越能保持和最重要目标的紧密联系。如果你还想要更进一步地刺激大家的士气的话，那就去把记分表放在其他团队也能看到的地方。如果你的团队成员分布比较分散，也要让那些远处的团队成员能够看到记分表才好。

记分表里是否同时包含了引领性指标和滞后性指标？

一个好的记分表需要同时涵盖实际工作成果和工作目标，它不仅要能告诉人们现在处于什么状态，也要告诉大家我们现在应该达到什么状态。

理想的记分表

五月底计划完成数量	105
实际完成数量	97
净差值	-08

欠妥的记分表

五月底实际完成数量	97

如果一个团队从记分表上只能看到他们每个月完成工作的情况，并不能据此说出当前工作的成败。他们需要看到工作计划，这样就可以拿来和实际完成的工作相对比，从而看出实际工作是超额了还是没有达到计划。

一个好的记分表还需要同时涵盖引领性指标和滞后性指标两方面内容，要在记分表中包含必要的图例和其他符号来解释你们的指标，不要想当然地以为大家都应该知道它们的含义是什么。请记住，我们所调查的85%的团队成员不能清楚地说出他们团队的最重要目标。

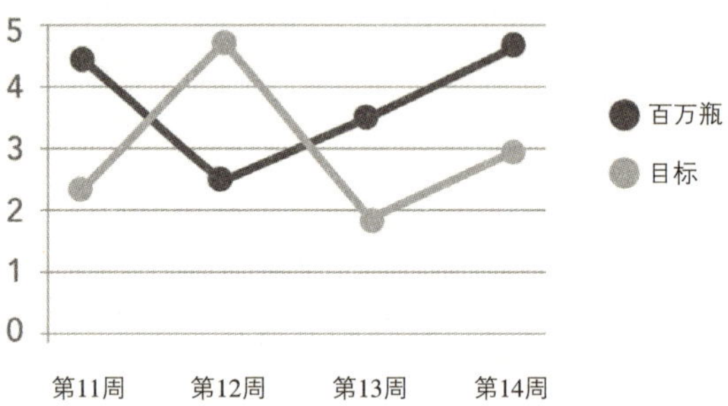

滞后性指标

周	流水线1	流水线2	流水线3	流水线4	流水线5	流水线6	流水线7	流水线8	流水线9
11		√							√
12	√	√		√	√		√	√	√
13	√	√	√	√		√	√	√	√
14	√	√		√	√	√	√	√	√

引领性指标

这个团队的最重要目标是每周生产一定数量的瓶装水，他们的引领性指标是每条流水线每周都要严格完成计划的生产数量，只要每条生产线都完成了计划任务，整个工厂就能完成目标。

当他们注意到坚持完成计划任务和努力生产之间的联系时，就会更加注重对这个引领性指标的跟踪，并最终超额完成了计划任务。

记分表能否让我们一眼看出输赢？

一个好的记分表，应该能让人们在五秒之内看出一个团队输赢的结论，这也是判断一个记分表是否是选手型记分表的标准。

第三步：建立记分表

现在可以建立团队的记分表了。当然，人们越投入，效果越好。如果由团队成员自己来建立记分表的话，他们就会对这个记分表有更多的归属感。

当然，记分表建立的具体过程会因团队的规模和性质而有所不同。如果一个团队的成员只有很少的灵活机动的时间的话，团队领导可能就得在建立记分表的工作上承担更多的工作，然而，更多的团队会抓住这个机会，来建立属于他们自己的记分表，甚至会把自己的业余时间奉献出来。

最终，你实际使用的记分表媒介真的不是很重要。你可以使用电子标志、海报、记事板或者是黑板，只要它能满足我们本章所讨论的设计标准就好。

第四步：保持更新

一个记分表，每周至少要保持一次更新。如果一个记分表长时间得不到更新，当面对繁重的日常事务工作时，你就有可能去放弃它，然后最重要目标就会在这样的琐碎和纷扰中消匿得无影无踪。

一个团队领导应该十分明确以下三点。

- 谁应负责张贴和更新记分表
- 何时应该张贴记分表
- 何时应该更新记分表

案例分析

现在我们回到苏珊的活动管理团队，他们现在要设计建立他们的记分表了。

通过运用原则1，他们将团队的最重要目标确定为“截止到年底，将来自团体活动的收入从2200万美元增长到3100万美元”。接下来，他们运用原则2确定了两个对该目标具有高度预见性的引领性指标。

- 每个副经理每周完成两次有成效的现场参观；
- 在90%的业务中推广我们的酒吧增值服务。

在比赛规则确定之后，苏珊和她的团队已经准备好建立记分表了。他们首先明确了记分表上要展示的最重要目标和滞后性指标。

最重要目标：

截止到年底，将来自团体活动的收入从2200万美元增长到3100万美元。

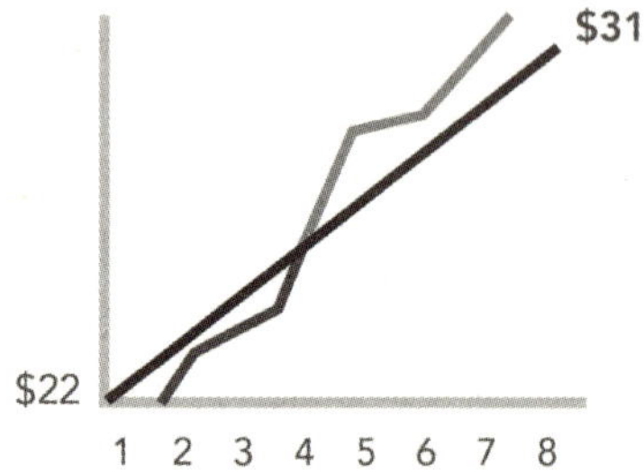

然后，他们使用第一个引领性指标来跟踪每一个副经理的具体工作。

最重要目标：

截止到年底，将来自团体活动的收入从2200万美元增长到3100万美元。

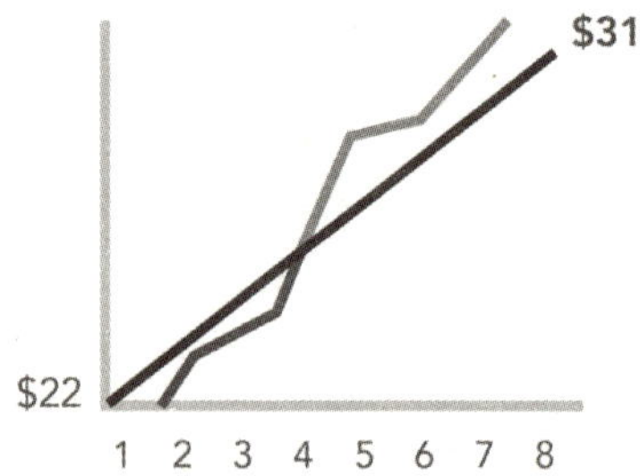

引领性指标：

每个副经理每周完成两次有成效的现场参观。

副经理	1	2	3	4	5	6	7	平均
吉姆	1	1	2	2	4	×	×	2
鲍勃	2	2	3	2	×	×	3	2.4
卡恩	1	3	2	×	×	2	2	2
杰夫	0	0	×	×	1	1	1	0.6
艾米丽	3	×	×	4	3	2	4	2.8
理查德	×	×	2	2	2	4	4	2.8
贝丝	×	1	2	5	2	4	×	2.8
总计	7	7	11	15	12	13	14	2.3

最终，他们使用第二个引领性指标和柱状图来跟踪增值服务的推广情况。

最重要目标：

截止到年底，将来自团体活动的收入从2200万美元增长到3100万美元。

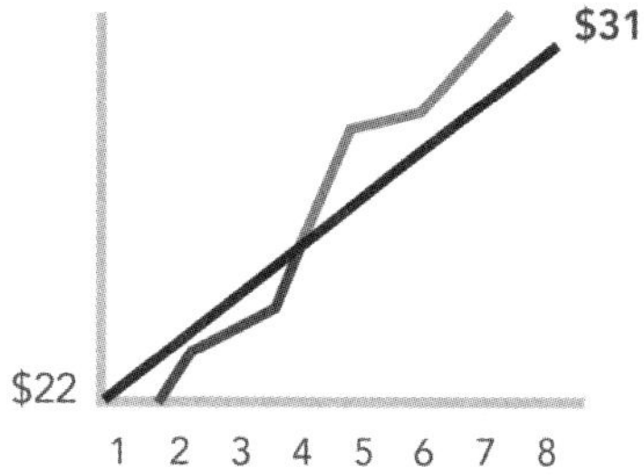

引领性指标：

每个副经理每周完成两次有成效的现场参观。

副经理	1	2	3	4	5	6	7	平均
吉姆	1	1	2	2	4	×	×	2
鲍勃	2	2	3	2	×	×	3	2.4
卡恩	1	3	2	×	×	2	2	2
杰夫	0	0	×	×	1	1	1	0.6
艾米丽	3	×	×	4	3	2	4	2.8
理查德	×	×	2	2	2	4	4	2.8
贝丝	×	1	2	5	2	4	×	2.8
总计	7	7	11	15	12	13	14	2.3

引领性指标：

在90%的业务中推广我们的酒吧增值服务。

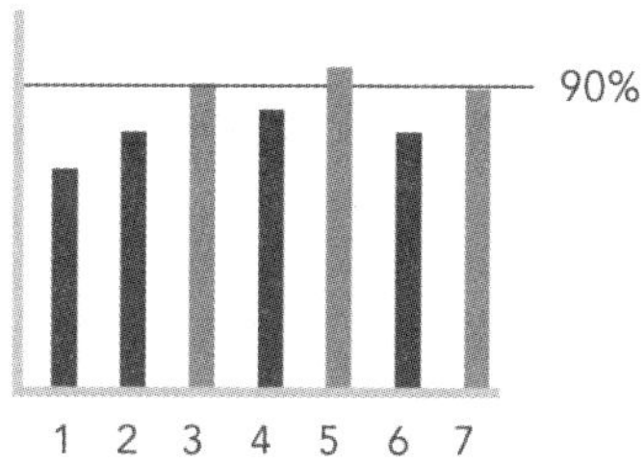

在上图的记分表中，苏珊团队的最重要目标和引领性指标都得到了清晰的展示，他们的记分表也因而符合了前文的标准。

它足够简单　没有冗余数据，其中只有三个主要成分，而且每个成分都是非常清晰并且经过量化的。

它足够明了　通过大字号的黑体字突出显示了关键数据。

它足够全面 整个比赛都得到了展示，团队的最重要目标、滞后性指标、引领性指标都明确地展现其中，团队的实际工作和工作目标也都足够清晰。这个记分表是具有激励性的，因为有加粗的工作目标线，使得团队可以通过这个记分表来对比他们的实际工作结果和每周工作计划。

最重要目标：

截止到年底，将来自团体活动的收入从2200万美元增长到3100万美元。

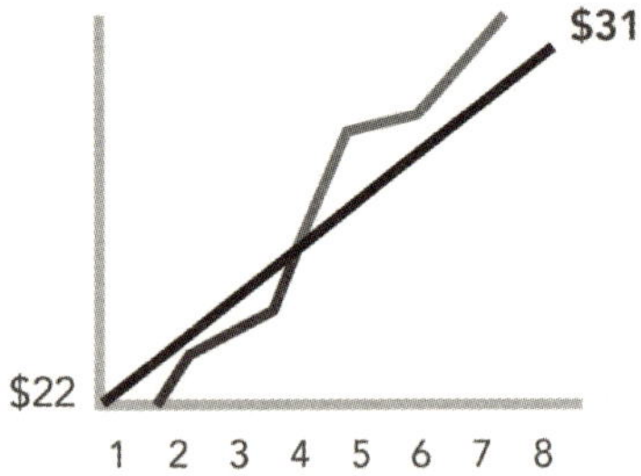

在这个案例中，团队的滞后性指标是，基于整个组织的最重要目标直接制订的财务指标。如果采用其他目标为最重要目标的话，比如增加顾客满意度或者提高服务质量，他们可能就无法预测完成最重要目标的进度了。在这样的情况下，制定工作目标线就得根据他们的预期以及对团队工作表现的了解程度。

但是，不论是通过正式严谨的计算，还是主观的估测决定，工作目标线都是不可或缺的。没有它的话，一个团队就无法得知自己每天的工作状态是好是坏。

对于引领性指标来说，工作目标线通常只是一个简单的指标值，例如，在左下柱状图中的90%线。这个指标值不但要达到，而且要保持下去。有时候，你可能会用一条递增线来作为工作目标线，在到达一定高度之后，再变为需要保持下去的固定的指标值（如右下图）。

引领性指标：

在90%的业务中推广我们的酒吧增值服务。

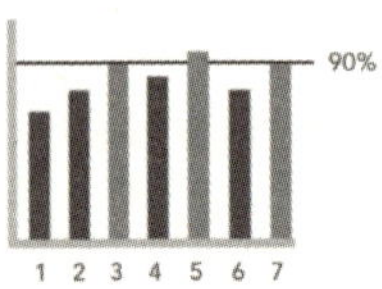

引领性指标：

在90%的业务中推广我们的酒吧增值服务。

“每个副经理每周完成两次有成效的现场参观”的引领性指标，需要跟踪单个团队成员的工作表现，每一个成员都要在他们的记分表上记录自己每周完成的工作情况。

副经理	1	2	3	4	5	6	7	平均
吉姆	1	1	2	2	4	X	X	2
鲍勃	2	2	3	2	X	X	3	2.4
卡恩	1	3	2	X	X	2	2	2
杰夫	0	0	X	X	1	1	1	0.6
艾米丽	3	X	X	4	3	2	4	2.8
理查德	X	X	2	2	2	4	4	2.8
贝丝	X	1	2	5	2	4	X	2.8
总计	7	7	11	15	12	13	14	2.3

1. 每个副经理跟踪自己的工作表现。
2. 每个副经理更新自己的记分表。
3. 领导者监督执行情况、记分表，以及领导者在需要的时候予以支持。

为了确保记分表的真实性，团队领导需要周期性地对每个副经理的工作表现进行检查监督，确保他们登记在记分表上的成绩和实际工作表现相符。这里的铁律是信任，但是要有监督。

我们能从这组记分表中一眼看出输赢

因为每个记分表中都同时包含了实际工作和工作目标两个内容，团队成员可以从中一眼看出他们对最重要目标和引领性指标的跟踪情况。如果使用绿线和红线来进行标记的话，图表将会变得更加直观。

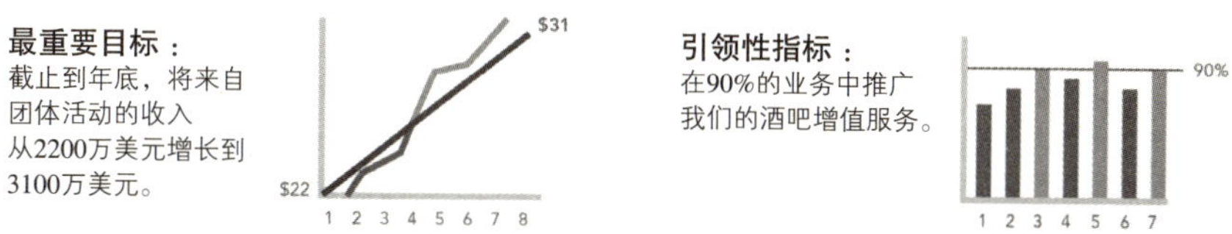

注意他们的第二个引领性指标，只有每个团队成员都完成了工作计划时，整个团队才谈得上成功。当每个人的工作情况都是绿线时，即每个副经理

每周都完成了两次以上有成效的现场参观，整个团队才是真正达到了工作目标。

副经理	1	2	3	4	5	6	7	平均
吉姆	1	1	2	2	4	X	X	2
鲍勃	2	2	3	2	X	X	3	2.4
卡恩	1	3	2	X	X	2	2	2
杰夫	0	0	X	X	1	1	1	0.6
艾米丽	3	X	X	4	3	2	4	2.8
理查德	X	X	2	2	2	4	4	2.8
贝丝	X	1	2	5	2	4	X	2.8
总计	7	7	11	15	12	13	14	2.3

可行性

原则3的可行性是指一个记分表要能激励团队成员的士气。

一个确切知道自己记分表成绩的团队，和一个只知道自己最重要目标和指标概念的团队，在工作表现上是有着巨大差异的。就像吉姆·斯图亚特所说的："没有清晰可见的指标，即使有同样的目标，一百个人也可能有一百个不同的结果。"如果记分表不能达到高度的可见性，或者不能经常保持更新的话，最重要目标就会淹没在繁琐的日常事务中。简单来说，不知道自己工作成绩的人是不会全身心投入工作的。

这是一种成就感驱动了团队成员去全身心投入，没有其他任何事物能比它更激励人们的士气了。每一次更新记分表，你都将会发现这一点。

通过运用原则1、2和3，你已经为团队设计了一个清晰的、可以取胜的比赛，但这依然是纸上谈兵。在原则4中，你将把这个设计付诸实践，让每一个团队成员都对此保持高度的责任感，并展现出他们最好的工作表现。

试一试

使用下面的样表建立一个激励性记分表，按照后面的列表逐项测试你们的候选指标。

记分表建立工具

团队最重要目标	滞后性指标
引领性指标1	记分表
引领性指标2	记分表

你做得对吗？

逐项检验，确保你们团队的记分表是具有激励性的，并可以有效驱动团队成员高水平表现。

- □ 你们的团队是否深度投入到了建立记分表的过程中？
- □ 你们的记分表是否涵盖了团队最重要目标、滞后性指标和引领性指标？
- □ 记分表中是否对最重要目标和指标进行了全面的阐述？
- □ 是否每一个记分表都包含了实际工作结果和工作目标两部分内容？（我们现在处于什么状态？我们应该处于什么状态？）
- □ 是否可以从记分表中一眼看出每一项指标的输赢？
- □ 记分表是否被张贴在醒目的位置，使大家都能经常看到它？
- □ 记分表是否易于更新？
- □ 记分表是否个性化，每一个团队都有自己独特的记分表形式？

Installing Discipline 4

运用原则4

建立规律问责制

Create a Cadence of Accountability

原则4是一个关于问责的机制。即使你之前已经建立了一个清晰有效的计划，但如果缺少贯穿始终的问责制，你的团队也不会全力以赴投入到工作中去。你们可能会有一个良好的开局，你的团队也都想做出最好的业绩，但是随着日常事务的不断侵蚀，你们不久之后就可能被拖回到疲于应付各种紧急性事务的恶性循环中。

在《公司》杂志的一篇文章中，作者约翰·凯斯完美描述了这种情形：

经理们使用记事板、黑板、软木公告板，罗列出残品率、平均控制时间等数十个性能指标。任何一家工厂、一个车间或者一间办公室都能看到他们在墙上挂着的各种图表。

有时候，那些图表中的数据确实会得到增长。人们关注那些图表，并思考怎样才能提高工作表现。

但是，在这之后会发生一些有趣的现象。有时候，一周过去了，却没有人来更新这些图表，甚至是一个月。终于有人想起来去更新其中的数据的时候，却发现没有取得什么进步，然后就再没有人积极地更新这些图表数据了。不久，这些图表就会变得毫无用处。最终，它们被从墙上取了下来。

从另一面看，这样的结果也不出乎意料。这些图表的衡量指标确实能够促进工作，但只是暂时的，然后人们就会疑惑："为什么他们总要衡量我们的工作？”“毕竟，有谁真正在意我们是否完成了这些数据呢？”“我们是否还在继续这项工作？”这时候，一个记分表像是一个令人感到恐惧的怪物，不断提醒人们：“有一些我们本该完成的事情还没有做。”

原则4通过不断加强团队成员与最重要目标的联系，打破了这个恶性循环。更重要的是，它通过作用于每个个体的方式加强了这种联系。因为他们频繁地、规律性地对彼此进行问责，都更努力地参与到其中，为成功而并肩奋斗。

当领导们第一次听说原则4的时候，他们会很自然地提出一些质疑：“每周召开一个新的会议？”“你确定能在这么短的会议里解决那么多问题吗？”

仅仅在几周之后，同样是这些领导们，开始不时地告诉我们他们态度的转变，比如我们的一个大客户就这样说：“我曾经以为我们并不需要新的会议了，但是现在，我们已经不可能再离开它，因为这是我们所做的最重要的事情之一。”

原则4要求团队规律性地召开最重要目标会议，每个团队成员都要在会议上做出自己推动引领性指标的工作任务计划。

因为一个最重要目标会议听起来可能像是一个新的小会议，你现在可能还感受不到它有任何新颖之处，但是不久之后你就会发现，如果想要团队成员持续高水平地工作，你就需要有过硬的本领和相当的精度来对他们进行规律性的问责。

什么是最重要目标会议

最重要目标会议不像你之前参加过的任何会议。

它只有一个目的，使团队注意力的焦点从日常事务中转移到最重要目标上来。它需要定期召开，至少每周一次，或者更频繁。它有固定的模式，如下图模型所示。

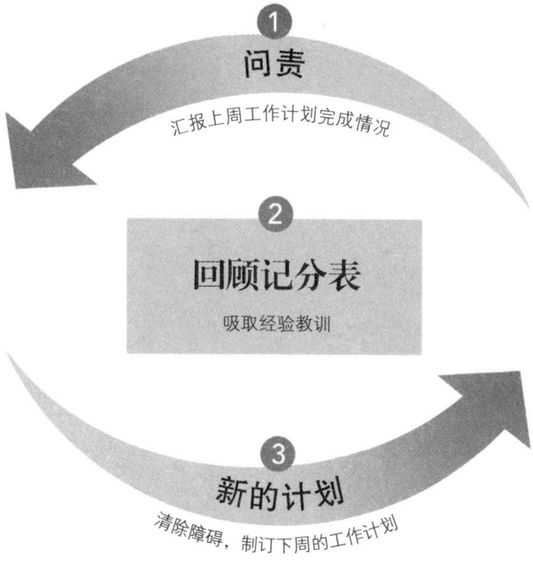

最重要目标会议是简短的专项会议，它解决并且只解决三件事。最重要目标会议的目的是对之前的工作计划问责，并制订新的工作计划，以推动记分表。

1. 问责：汇报上周工作计划完成情况 每个团队成员都就自己上次会议做出的工作计划（承诺）汇报工作。

2. 回顾记分表 吸取经验教训。团队评估他们的工作计划是否可以推动引领性指标，引领性指标是否可以促进滞后性指标。他们讨论哪些工作有效，哪些工作效果不佳，以及如何调整。

3. 新的计划 清除障碍，制订下周的工作计划。基于这个评判标准，每个团队成员都瞄准引领性指标制订出自己下周的工作计划。尽管看上去这种规律性的问责相当简单，但它足以在日常事务的纷扰中，使人们保持对最重要目标的聚焦。

为什么要召开最重要目标会议

- 尽管有其他各种紧急事务的不断打扰，最重要目标会议使团队保持了对

> **最重要目标碰头会**
>
> 一些团队，例如一家市中心医院的急诊室团队，在没有什么灵活时间的情况下，可以对最重要目标会议的形式进行一些压缩调整，同样定期召开，我们可以称之为“最重要目标碰头会”。
>
> 最重要目标碰头会每周召开一次，每次五到七分钟，全体团队成员在记分表周围围成一圈，做以下三件事：
>
> **1. 回顾记分表**
>
> 重申人员对结果的责任。
>
> **2. 汇报上周工作计划完成情况**
>
> 制订一个团队工作目标，以提升整体工作表现。
>
> **3. 制订下周的工作计划**

最重要目标的专注。

- 最重要目标会议使团队成员相互学习如何推动引领性指标。如果一个成员率先取得成功，其他成员就可以吸取他的经验。反之，如果某一种行为效果不大，其他人也能及时记取前车之鉴。
- 最重要目标会议给予团队成员完成工作计划必要的帮助，如果有人遇到了困难，团队可以帮助他排除障碍。
- 最重要目标会议使团队能够在过程中，根据业务的变化及时做出调整。最重要目标会议就最新情况做出工作计划，而这些新的挑战不可能在年初计划制定伊始就完全预测到。
- 最重要目标会议为团队提供了庆祝进展的机会，这将为整个团队重新注入活力，也将一次次召唤起每个人的士气。

在我们开始深入研究最重要目标会议之前，先来学习一下史蒂芬·库珀领导的成功商业案例。当库珀接管了硅谷一家名叫“ETEC”的小公司时，该公司每月亏损100多万美元。库珀制定了要在七年内将收益提高十倍的最重要目标，为了实现这个目标，他要求公司每一个团队确定一些可衡量的目标，然后将他们的工作计划缩减到一张纸上。

这个做法为每个团队明确了目标，但是库珀最终取得成功的关键还在于他的每周例会。他建立了三条规则来确保例会的快速和聚焦，“每个人的报告都被限制在4分钟以内。对于每一个目标，人们的报告内容应该包含工作目标、参加人员、工作主题以及意见建议。最后，召开例会的目的并不仅仅是要陈述问题，更重要的是鼓励大家解决问题。”

库珀手下的一个团队领导这样评价他们的每周例会：“通过例会，大家避免了问题向危机的转化……人们可以从容地安排各种工作有条不紊地展开，而不是被各种紧急事务催得团团转。每一个经理都花几分钟时间陈述汇报所属工作的进展状态、面临的问题，以及解决的思路。这样的例会帮助我们始终把注意力集中在最重要目标上，大家都直奔最重要的方向，每个人都在做自己应该做的事情。”

受库珀的启发，我们花费了数年时间，来研究不同形式的最重要目标会议。现在，最重要目标会议已经发展得井然有序、深入人心，得到了数以百计的组织的采用，从而来促进他们最重要工作的开展。

最重要目标会议的内容

现在我们继续利用苏珊活动管理团队的例子，来分析最重要目标会议应该如何组织。

他们已经将团队的最重要目标确定为“截止到年底，将来自团体活动的收入从2200万美元增长到3100万美元”，并确定了两个对该目标具有高度预见性的引领性指标。

- 每个副经理每周完成两次有成效的现场参观；
- 在90%的业务中推广我们的酒吧增值服务。

他们也已经建立了恰当的记分表。

苏珊和她的团队在一个周一的早上召开他们的最重要目标会议，那时他们才刚刚完成了3个月的工作计划，他们的记分表也要准备进行更新了。

最重要目标

截止到年底，将来自团体活动的收入
从2200万美元增长到3100万美元。

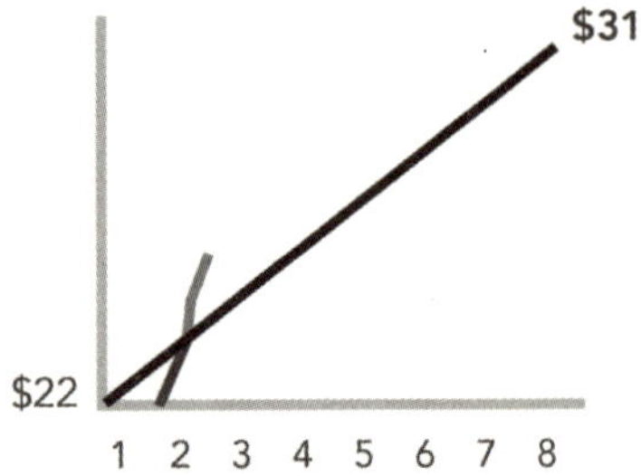

引领性指标

每个副经理每周完成两次
有成效的现场参观。

副经理	1	2	3	4	5	6	7	平均
吉姆	1	1	2	2	4	×	×	2
鲍勃	2	2	3	2	×	×	3	2.4
卡恩	1	3	2	×	×	2	2	2
杰夫	0	0	×	×	1	1	1	0.6
艾米丽	3	×	×	4	3	2	4	2.8
理查德	×	×	2	2	2	4	4	2.8
贝丝	×	1	2	5	2	4	×	2.8
总计	7	7	11	15	12	13	14	2.3

引领性指标

在90%的业务中推广
我们的酒吧增值服务。

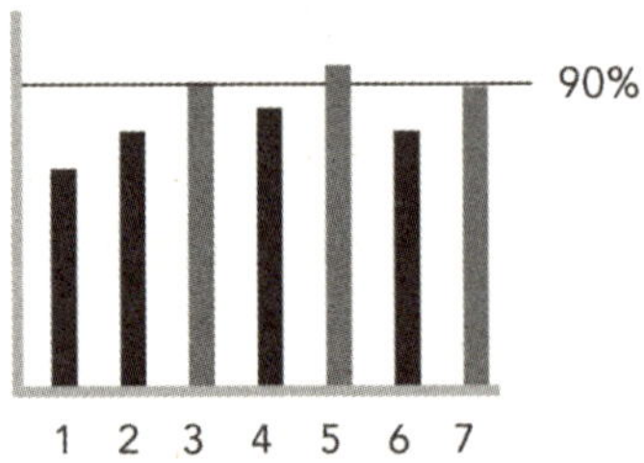

苏珊：“大家早上好，现在是8点15。首先，我们来回顾一下记分表。”

【回顾记分表】

“今天有个好消息。我们刚刚完成了第三个月的工作计划，而且超额完成了增加团体活动收入的预期目标。我们上个月的滞后性指标是1400万美元的收入，而原定目标是1040万美元。恭喜大家！

“正如大家所看到的，上周我们接待的现场参观次数达到了14次，创造了7

周以来的最高纪录。在此祝贺表现最好的同志——艾米丽和理查德，他们分别完成了4次现场参观。

“此外，我们的第二个引领性指标也得到了突破,95%的业务客户选择了我们的酒吧增值服务，但在过去的7周里，我们总的增值服务推广指标离目标还有4%的差距。当然，上周的成绩值得庆祝，我们要在下一步的工作中将其保持下去。”

【汇报上周工作计划完成情况】

苏珊：“现在，我向大家汇报一下我上周工作计划的完成情况。我计划要与吉姆和卡恩分别一起工作20分钟，帮助他们提高酒吧增值服务的销售情况，同时锻炼锻炼他们的工作能力。我已经完成了这些工作。

“我还计划参加商会会议，并在会议上联系至少三家以前没有在我们酒店举办过活动的客户。我现在可以很高兴地告诉大家，我成功拉到了五家客户，下午我将把这些客户的具体情况和相关人员进行交流。

“下一周，我将对酒吧增值服务的一些市场材料进行最终的整理。另外，我还要对三个应聘人员进行面试，并录用其中最符合我们团队需求的一个。”

吉姆：“我的上周工作计划是去两家最新入驻我市的公司进行面对面的交流。我还给大家带来了一个好消息，下周他们中的一家将来我们酒店进行实地考察。

“关于记分表上的内容，我完成了两次客户现场参观，可惜的是，只向其中一家客户推销了我们的增值服务，完成度50%，下周我将注意改进这方面的工作。

“下一周，我将与两个客户进行电话会议或者面谈，他们去年都曾在我们酒店召开公司年会，但是今年还没有确定要来。我打算邀请他们来参观我们新的晚宴大厅，有可能的话，建议他们签今年的合约。”

鲍勃：“我上周的工作计划是为酒吧增值服务打造一个特别体验活动，并邀请三个客户前来参观体验，他们都是潜在的大客户。我让大厨搞了一个红酒品尝展，并配有精美的饭前小点心。这三个客户对此都表示很满意，他们都为自己的活动计划追加了这项服务。

“记分表上的项目，我接待了三次客户现场参观，并百分之百地向他们推销了我们的酒吧增值服务，完成度100%。

“至于下一周的工作，我到现在只联系了一个客户来现场参观，但是我希望能联系至少五个新客户，而且使其中至少一个客户在下周来进行实地考察。”

卡恩：“我上周的工作计划是，向十个去年在我们酒店里举办过活动的老客户寄送纪念包。在每个纪念包中，我都插进了两到三张他们的活动现场照片，附带了他们当时的晚宴餐单，以及我手写的一张问候卡，诚挚地希望他们今年再次光临。我完成了这项工作，并且可以很高兴地告诉大家，他们当中的四个客户打电话对收到纪念包表示感谢，两个客户答应来参观我们新的晚宴大厅。

“在记分表上，我完成了两次客户现场参观任务，并向他们推销了酒店增值服务，完成度100%。

“下一周，我将去为另外五个去年在我们酒店举办过会议的老客户制作纪念包，并寄送给他们。”

苏珊的最重要目标会议就这样展开，直到每个成员都完成了工作报告。注意，他们并不只是要对苏珊负责，同时也在相互为彼此负责，为自己的工作结果负责。

为每一周做出高质量的工作计划

最重要目标会议的效力取决于坚持开会的节奏，而记分表的结果取决于会议上大家做出的工作计划（承诺）。作为领导者，你需要引导整个团队做出高质量的工作计划。

首先从这个问题着手：“下一周我可以做的事情中，最能影响整个团队工作记分表指标的一两件事情是什么？”

下面我们将这个问题分解来讲，以便读者更好地理解它对于最重要目标的意义。

- **"一两件事"** 在原则4中，专注于几项高质量的工作计划远比同时完成很多工作计划重要得多。你希望团队专注于几件事情，把它们做到极致，而不是让他们去做一大堆事情，却做得很平庸。计划做得越多，可能跟进得越少。从这个意义上讲，专注于一两个高质量的工作计划，并努力去达成它们，远比制订五个工作计划而勉强去实现它们要好得多。

- **"最能影响"** 不要在不重要的事情上浪费时间。把你最佳的精力和努力投入到那些可以产生最大影响的事情上，结果必然大不一样。

- **"我"** 所有在最重要目标会议上制订的工作计划都要由个人负责。你没有其他人来帮助实施计划，你需要自己去完成它们。尽管将会和他人合作，但你只需要对自己的那部分负责。

- **"下一周"** 原则4 需要保持至少每周一次的问责节奏。你制订的工作计划任务量要能在下一周时间内完成，这样才能保持问责的节奏。如果你制订了一个为期四周的工作计划，那么在前三周的时间里，你实际上不会有真正的责任感。如果这确实是一个需要好几周才能完成的工作，你也只需要每次就下一周的工作量做出工作计划。每周一次的工作计划会营造出一种紧张的氛围，督促你克服日常事务的影响，集中精力完成这些事情。

- **"记分表指标"** 这是最为关键的，每一个工作计划都必须瞄准推动记分表上引领性指标和滞后性指标的目标去做。离开了这样的聚焦，你就会不知不觉去围绕看上去紧急的日常事务制订每周计划。尽管它们可能确实紧急，但也确实对达成你们的最重要目标毫无帮助。

如果每个人在每一次最重要目标会议上，都恰如其分地回答了这个问题，团队就会建立有规律的执行节奏，最终产生积极的影响。

苏珊的最重要目标会议上制订的工作计划将会带来以下这些影响。

- "与吉姆和卡恩分别一起工作20分钟，帮助他们提高我们酒吧增值服务的销售情况，同时锻炼锻炼他们的工作能力。"

- "参加商会会议，并在会议上联系至少三家以前没有在我们酒店举办过活动的客户。"

- “对我们酒吧增值服务的一些市场材料进行最终的整理。”
- “对三个应聘人员进行面试，并录用其中最符合我们团队需求的一个。”
- “去两家最新入驻我市的公司进行面对面的交流。”
- “为我们的酒吧增值服务打造一个特别体验活动，并邀请三个客户前来参观体验。”
- “向十个去年在我们酒店里举办过活动的老客户寄送纪念包，并内附一张手写的问候卡。”

团队成员对他们自己制订的工作计划更可能有强烈的责任感。与此同时，团队领导还应确保他们所制订的计划满足以下标准。

- **具体**　工作计划越具体，人们对它的责任感就会越强。你不可能指望人们会对假大空的工作计划认真负责，工作计划中要有具体的待办事项、执行的时间，以及你预期达到的结果。
- **瞄准记分表**　确保你们制订的工作计划能够有效推动记分表，否则，你们的精力只会白白消耗在日常事务中。譬如，在年度预算前一周，你可能会将完成预算表作为你的最重要目标，毕竟这是当下最紧急和重要的事情，然而，如果这个预算表和你的引领性指标无关的话，不论它看上去多么紧急，也无助于你们最重要目标的达成。
- **时效性**　高质量的工作计划必须能够在一周之内完成，但是它们也必须能影响接下来一段时间的团队表现。如果你们的工作计划对整个团队产生的积极影响，将会发生在过于遥远的未来，它可能不会有利于你们保持走向成功的节奏。

下表对比阐释了低质量和高质量工作计划的区别。

低质量的工作计划	高质量的工作计划
我将在下一周集中精力去做培训。	与吉姆和卡恩分别一起工作20分钟，帮助他们提高我们酒吧增值服务的销售情况，同时锻炼锻炼他们的工作能力。
我将去参加商会会议。	参加商会会议，并在会议上联系至少三家以前没有在我们酒店举办过活动的客户。
我将去做一些面试工作。	对三个应聘人员进行面试，并录用其中最符合我们团队需求的一个。
我将去接触一些新的客户。	去两家最新入驻我市的公司进行面对面的交流。
我将去联系一些老客户。	向十个去年在我们酒店里举办过活动的老客户寄送纪念包，并内附一张手写的问候卡。

请注意，最强大的工作计划，总是可以精确瞄准并推动引领性指标的。

注意事项

要注意避免以下几个常见的可能打乱问责节奏的陷阱。

日常事务喧宾夺主 当你们开始运用原则4的时候，这将是你们面临的最常见的一个挑战。永远不要把紧急的日常事务列入你们的最重要目标工作计划，一个对于衡量工作计划质量的好问题是："完成这个工作计划将对最重要目标记分表产生什么影响？"如果你很难直接回答这个问题，那么现在所考虑的工作计划，或许就是关于日常事务的了。

假大空的最重要目标会议 如果你们不能紧密跟进最重要目标会议上设定的工作计划的话，问责的节奏就会被破坏掉。每一次最重要目标会议都需要对上一次会议做出的每一项工作承诺进行问责，同时对下一周的工作做出合理计划。

连续两周以上重复同样的工作计划 即使是一个高质量的工作计划，如果你连续重复它两次以上，也会变得像例行事务一样。你们应该不断去寻找新的、更好的方法来推动你们的引领性指标，而不是重复同样的工作计划。

接受未完成的工作计划 不论日常事务多么纷杂，团队成员都必须要按时完成他们的工作计划。当一个团队成员没有按时完成工作计划的时候，不论你们过去花费了多少努力去运用高效执行4原则，你面临的都是一个最紧要的关键时刻。

如果你能够将规律性的问责制引入到你的团队之中，他们就会在每一周击败日常事务的影响完成工作目标。如果你对待问责制和工作计划的执行结果都漫不经心的话，日常事务就会逐渐吞没你的最重要目标。

现在让我们来看一看苏珊在这样的关键时刻是怎样做的。

苏珊：“杰夫，到你了。”

杰夫：“好的，苏珊。嗯，我在上周计划要联系一些去年的老客户来进行现场参观，但是大家都知道，上周在酒店里还有一个很重要的大型活动。由于这是我今年最重要的一个团队客户，必须要确保活动的顺利完成，因此我必须把更多的个人精力投入其中。当时舞厅的投影仪出现了故障，我不得不立即去换一个新的来。我花费了大量的时间精力安抚客户的情绪，并让事情回到正轨。在意识到工作计划没有完成时，这周已经快要结束，没有时间了。”

从本质上来说，杰夫的意思就是由于日常事务的干扰，他没能如期完成工作计划。更危险的是，杰夫认为他处理的这些日常事务有足够的意义，所以他并不需要为他没完成的工作计划承担责任。这时候，执行力就被破坏了。

我们制订的大多数工作计划都是有条件的，例如，当一个团队成员说“我周二早上九点将要为大家做一个报告”，他的话真正含义是：“只要没有特别的急事发生，我就会按时做这个报告。”但某些紧急事务总是有可能发生的，这也是日常事务的普遍特征。

如果你放任日常事务吞没你们的工作计划，就永远都不会有足够的时间精力去推动最重要目标的实现。执行力原则的成功运行，从头到尾都离不开对最重要目标会议上做出的工作计划的按时完成。

这也是苏珊作为领导的责任，特别是在最开始几次最重要目标会议，她需要为大家建立一些规矩。工作计划是需要无条件完成的，就像我们一个客户所说的："一旦我们团队做出了工作计划，我们就应该意识到无论发生什么事，我们都必须想方设法去完成它。"

苏珊又是怎样回应杰夫的呢？

第一步：表示对他的理解

苏珊："杰夫，你上周所做的工作对酒店贡献巨大，活动本身也很成功，如果没有你的努力，我们可能就将遭受重大损失。在座的每一个人都知道你在上一周所付出的辛勤工作，也知道那些客户对我们是多么重要。感谢你对此次活动的付出。"

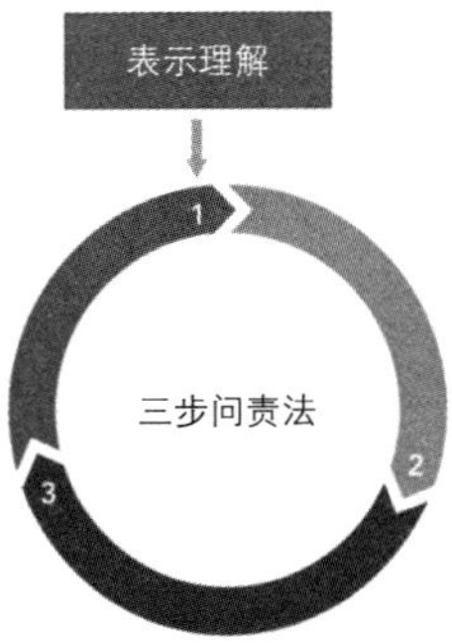

第一步很重要，苏珊向杰夫展示了她对他的理解，同时也向整个团队表示了她并不忽视日常事务的态度。如果她跳过这个步骤，可能就会发出两个错误信号：其一，杰夫的工作没有价值；其二，日常事务不重要。

第二步：重申每个人的责任

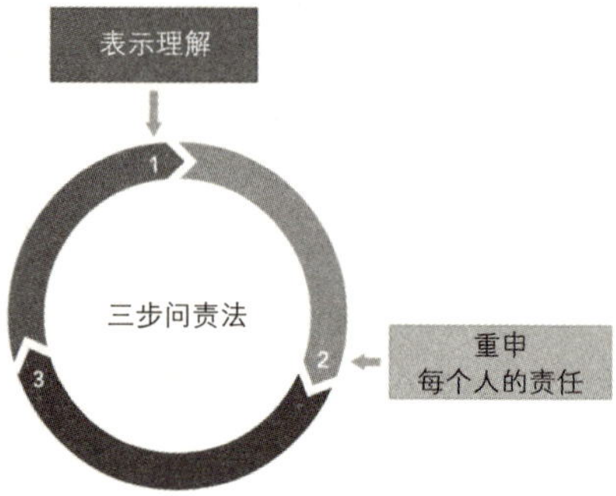

苏珊：“杰夫，我还想让你知道，你对我们团队实现最重要目标很重要。少了你的工作，我们的最重要目标就难以实现。也就是说，只要制订了工作计划，我们就必须想办法去完成这个计划，不论中途会发生什么事情。”

这对于苏珊和杰夫来说都是一个尴尬时刻，但是由于苏珊在一开始就声明了她对杰夫的尊重，以及对日常事务的理解，杰夫也应该能意识到，他需要全力以赴为团队的最重要目标而努力奋斗。

第三步：鼓舞士气

苏珊：“杰夫，我知道，你也想继续为我们的最重要目标而努力。你看这样好不好，你在完成下周工作计划的同时，把这周没有完成的工作任务也收个尾。加油！我们拭目以待。”

苏珊让杰夫在下周完成两周的工作计划，其实就是给了杰夫完成所有工作计划的机会。

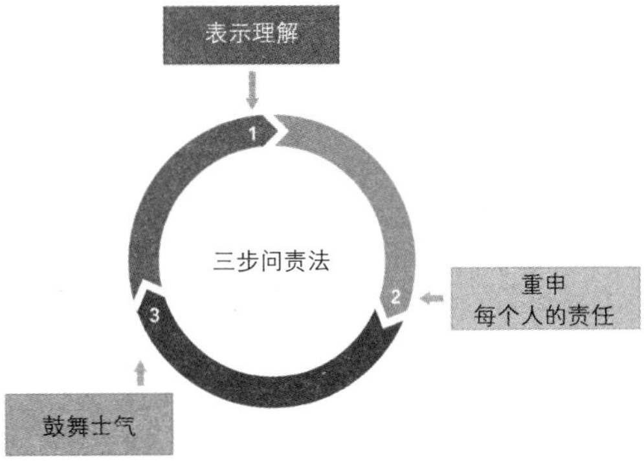

进行这样的近距离交流非常重要，这对杰夫个人很重要，因为他获得了和其他人继续齐头并进的机会。这个交流对苏珊也很重要，因为她让其他团队成员看到了她对实施高效执行4原则的决心。这对整个团队来说同样很重要，他们知道了应该怎样去坚持自己的工作计划。

如果没有无条件完成任务，你就不能去实现你们的最重要目标，并将其变为日常事务。灰区的日常事务会轻易侵入本应属于最重要目标的黑区时间，执行力就这样被破坏了。

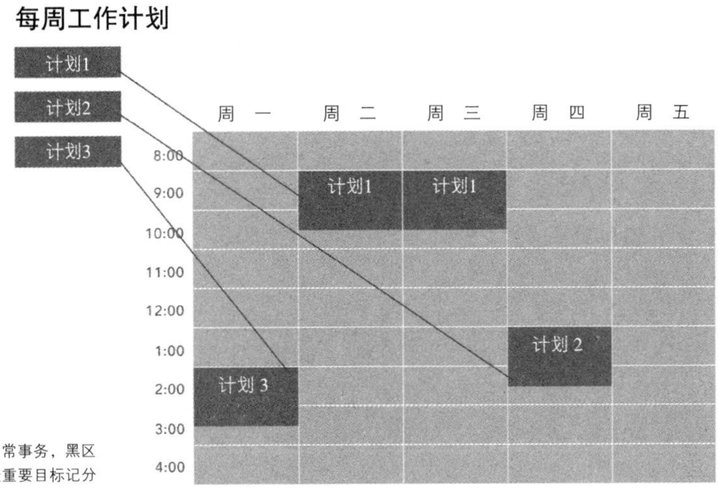

灰区表示你的日常事务，黑区代表你为推动最重要目标记分表做出的工作承诺。

富兰克林柯维公司的创始人之一海勒姆·史密斯曾说："如果你需要基于具体工作计划来支付薪水的话，你就会自然而然关注以下两点：第一，你将会更谨慎地对待所制订的工作计划；第二，你必然会跟进整个计划实施过程。"这也是最重要目标会议的目的——**理智客观地制订你们的工作计划，并忽略日常事务的干扰坚持将它们按时完成。**

最重要目标会议成功的关键

按时召开最重要目标会议　不论日常事务如何繁杂，每周在同一天、同样的时间、同样的地点召开会议，电视电话会议也是如此。如果你确实有事不能出席，可以让其他领导临时组织会议。

坚持会议主题　保持坚定而有活力的步调。最重要目标会议的首要规律就是，会议时间不能超过30分钟。时间过长的话，就可能会去讨论那些日常事务。

领导要制定纪律　每一次最重要目标会议开始时，你都要首先带领大家回顾一下记分表的整体情况，然后汇报你自己的工作计划完成情况。通过这个汇报，你可以告诉大家，除了每个人的工作计划之外，你不会问他们任何额外的事情。

公布记分表　在每次会议之前更新记分表，并确保它们是实时记分表。你的最重要目标会议离不开记分表，它将整个团队和最重要目标联系起来，并清楚地说明哪些工作有用，哪些工作没用。少了它，最重要目标会议的意义就完全不同了。

表彰会　通过表彰出色完成工作计划、有效推动各项指标前进的团队和个人，强化最重要目标的工作任务。

共同学习　几周之后，人们就会发现哪些工作可以带动引领性指标，哪些不能。他们还会发现哪些指标对于推动最重要目标更有意义，所有人都可以借鉴这些信息。

拒绝日常事务的介入　最重要目标会议的讨论内容必须限制于那些能推动

记分表的内容，那些关于日常事务的话题，或者关于天气、交通或者体育等方面的无关谈话都应该避免。

为彼此清除障碍 为他人清除障碍并不是要你把皮球踢给别人，而是要利用团队力量解决问题。如果你答应帮助某人解决难题的话，这也将成为你工作计划的一部分，需要你像对待自己其他工作计划一样，全力以赴。

忽视日常事务，坚决执行 保持团队成员对每周工作计划的责任感，不论日常事务如何紧急繁重，都要坚决完成计划。如果一个工作计划没有按时完成的话，必须要在下一周补上。

回报

我们在这一部分使用334号连锁超市的例子，他们在运用高效执行4原则的过程中遇到了不少麻烦。

说白了，就是不起作用。

例如，有一天，吉姆发现面包部的货架上只剩下过期的面包和碎掉的曲奇饼干。

“尤兰达！”他将面包部经理叫过来，把记分表指给她看。她过来的时候，满身面粉，火急火燎。

“我有好多事情要忙，顾不上你的记分表。”她叉着腰反驳道，“我接了一个大的食品订单，需要花费我一整天的时间。我还要补充库存，时间完全不够用，人手也不足。”

就像西西弗斯的做法一样，尽管他们所有的努力都瞄准了最重要目标、引领性指标以及记分表，但是并没有带来任何实质性的改变。下面我们就来解释一下原因。

因为原则4完全被忽视了。

他们没有建立规律性的问责制

他们没有去规律性地每周进行问责："为了推动记分表，这是我上周做的工作，这些是我下周将要做的。"所以，我们建议吉姆把全体员工召集起来，问每个人一个同样的简单问题："这周你所能做的，对记分表贡献最大的一件事情是什么？"

第二天，吉姆召开了他们的第一次最重要目标会议。他向大家承诺，这个会议只会围绕记分表展开，仅占用大家几分钟时间。当各部门领导都到齐之后，吉姆首先从面包部经理开始。

"尤兰达，你认为这周你所能做的，对超市经营记分表贡献最大的一件事情是什么？一件就好。"

由于对吉姆认真的表情备感惊讶，尤兰达反问道："你让我自己做决定？"

吉姆点了点头，然后等待。

尤兰达回答道："我想，我可以把库房打扫干净。"

"很好！不过，这件事能怎样改善我们超市的经营环境呢？"

"嗯，库房太混乱了，我们在那里堆了太多的货架。如果我能把库房清理一下的话，就能把地板上的一些东西转移到货架上，腾出多余的空间，这样看上去会舒服一些。"

"好的，就做这件事吧，尤兰达！就是它了。"然后吉姆转向海鲜部经理，"泰德，你认为这周你所能做的，对超市经营记分表贡献最大的一件事情是什么？"

"我将去做一件大事情。"泰德回应道，"我将专注于准备已久的龙虾上市，这也是我正在做的。"

"不错，泰德。我知道这很重要，而且你也需要去做这件事。但是，这对我们超市的经营环境有何助益呢？"

"哦，我知道你什么意思了。"泰德灵光一现，龙虾上市虽然是件很重要的事情，但是它对于超市经营环境的改善确实没什么帮助，而这才是他们的最重要目标，"嗯，好。鲍比来到超市工作已经三个星期了，每天早上却还不知道怎样陈列货架，我将对他进行这方面的培训，他也会支持我的工作的。"

“非常好！”吉姆积极回应。

问问你自己，是谁带来了这些好主意？是吉姆呢，还是部门经理？你能看出这其中的区别吗？

吉姆是在事无巨细地进行管理吗？当然没有，是那些超市员工自己选择了做哪些事情去改善超市环境。他曾经事无巨细，但并不是他希望超负荷工作，而是不知道除了这些他还能做什么。

之后，吉姆的团队每周在记分表前定期开会，彼此制订工作计划，共同改善超市环境。随着团队工作节奏的建立，对每个员工的规律性问责机制也得以建立，员工们的服务和工作态度改变了，整个超市也焕然一新。

十周之后，他们的超市环境评分从13分提高到了38分（50分为满分）更重要的是，他们的付出得到了回报，超市的环境改善了，他们的生意也蒸蒸日上。

334号超市，曾经是250家连锁超市中最差的一个，现在成为了该区域内年营业额最好的一家超市。

几个月后，我们应邀去参加这家连锁超市的大会，吉姆在大会上就他们超市的发展过程做了报告。

他告诉我们：“现在超市自行运转顺畅，我早上甚至都可以不过去干活了。”

区域经理问他：“这样巨大的改变，对你个人意味着什么呢？”

吉姆回答道：“在发生改变之前，整个超市压在我肩上，令我不堪重负。现在，你可以随时把我调离这个超市了。”

吉姆·迪克森和他的团队现在意识到，在面对最重要目标时，应该怎样去实现，他们并不需要外界的帮助就可以自力更生。

每个人内心深处都渴望成功，每个人都想为实现真正有意义的目标做出贡献。

LINK:http://resources.franklincovey.com/strategy-execution/store-334

请用安卓手机或者iPhone扫描二维码
观看吉姆和334号超市的视频案例

日复一日的营营役役，却无从知道自己究竟做出了什么成绩，这实在令人沮丧，这就是高效执行4原则如此重要的原因，334号超市的团队就明白了这个道理。高效执行4原则带来了全新的局面，使人们把西西弗斯的石头一起推过了山顶。

可行性

原则4的可行性要求规律地、频繁地召开最重要目标会议，不断驱动引领性指标。

但它远不止于此，原则4的终极目标是建立规律性的问责制，这个机制不只可以提供源源不断的良好结果，还可以打造出一支高效的工作团队。

原则4需要制订和完成特定工作计划的切实本领。

原则4让你的团队每一周都能处于对最重要目标的追求中，并把每个团队成员的个人工作和组织最重要目标结合起来。这样一来，他们不仅会赢得一个关键目标，更可以成为一支战无不胜的工作团队。

这也是采用高效执行4原则的终极回报。

试一试

使用下面的最重要目标会议议程表，准备你的最重要目标会议。

最重要目标会议议程：

在最重要目标会议开始时，就将下面的表格分发给大家，纸质或者电子版的都可以。在会议开始之后，按照下面的列表逐项检验你们的工作计划标准。

<table>
<tr><td colspan="4">最重要目标会议议程</td></tr>
<tr><td colspan="2">地点</td><td colspan="2">时间</td></tr>
<tr><td colspan="4">最重要目标</td></tr>
<tr><td rowspan="5">个人报告</td><td>团队成员</td><td>任务</td><td>完成情况</td></tr>
<tr><td></td><td></td><td></td></tr>
<tr><td></td><td></td><td></td></tr>
<tr><td></td><td></td><td></td></tr>
<tr><td></td><td></td><td></td></tr>
<tr><td>记分表更新</td><td colspan="3"></td></tr>
</table>

你做得对吗？

逐项检验，确保你们团队的最重要目标会议可以有效驱动团队成员高水平表现：

- □ 你们的团队是否把最重要目标会议列入到日程表中？
- □ 你们的会议是否保持简洁、明快和热烈（20到30分钟）？
- □ 领导是否在制订和汇报工作计划上做出了榜样？
- □ 你们在会议中是否回顾最近的记分表？
- □ 你们是否分析记分表中每一项指标输赢的原由？
- □ 你们是否对成员取得的成绩进行表彰？
- □ 你们会对团队成员的工作计划进行无条件问责吗？
- □ 是否你们团队的每一个成员都会提前安排下一周的任务？
- □ 有成员面临困难和挑战时，团队成员间是否相互协助完成任务？例如，清除障碍，找到处理问题的合适方法？
- □ 你们是否能在繁杂的日常事务中，依然保持最重要目标会议的举行？

第三部分

在组织中运用高效执行4原则

Installing 4DX in Your Organization

在第三部分中，你将会发现一些杰出的组织领导人通过高效执行4原则达成自己的目标。他们的案例会告诉你，高效执行4原则不仅能将团队变得高效，更能使整个公司或者政府机构的工作表现得到显著提升。他们的经验还表明，高效执行4原则并不只是一种新的组织领导方法，更确切地来说，它是一个适用于任何组织的革命性操作系统。

在这一部分，你还将学习到如何一步一步把大家的注意力集中于最重要目标，如何按步骤在整个组织中应用高效执行4原则。在后文中，我们在“常见问题”部分里就人们最常咨询的问题做了解答，以供读者查阅。

经典实践范例

Best Practices from the Best

在这本书中，我们就实施高效执行4原则提出了一些理念和具体方法，它们都是从数以千计的领导者的实际经验中总结出来的精华。然而，如果没有他们的亲口述说，倾听他们的真实故事，这本书就算不得完整。

在本章中，我们将提供四个组织领导人的案例，不仅仅因为他们都拥有出色的领导技能和经验，更重要的是，他们都在一个更广泛的范围内利用高效执行4原则，并实现了卓越的业绩。这些故事反映了现实世界中领导们面临的各种挑战，也展示了一个团队运用强大的高效执行4原则应对挑战所能取得的回报。

亚历克·科文顿和纳什芬奇公司

亚历克·科文顿是纳什芬奇公司的董事长兼首席执行官。纳什芬奇公司是美国第二大食品批发分销上市公司，主要服务于零售行业、军事部门和流通领域，年销售额约50亿美元。

纳什芬奇公司的团队在工作过程中采用了高效执行4原则，并在短短六个月时间内取得了显著的成效。以下是亚历克关于高效执行4原则的见解，以及他对实施经验的描述。

我们现在已经实施高效执行4原则超过六个月了，当看着所取得的成果时，我只能说简直是太棒了！事实上，我们的团队实现最重要目标时的表现，好得令人难以置信。在整个过程中大家一直遵循高效执行4原则，所有工作流程都是那么有条不紊。定期召开最重要目标会议，定期更新记分表，记分表的最终结果也是那么激动人心，形式又是那么简洁明快，一目了然。现在，我就给大家带来一个精彩的故事，讲述我们公司的领导层是如何运用高效执行4原则有所作为，并在公司的发展史上留下浓墨重彩的华丽篇章的。

根据我多年的从业经验，在缺乏危机意识的情况下，企业发展几乎不可能有巨大变革发生。当你接手一个离破产不远的公司或组织时，会自动引起所有人的关注。涉及切身利益的客户都会密切注意你的任何举措，员工们担心会不会失去工作，供应商担心能不能按时收到回款，甚至能不能在将来收到回款。出于这种不确定性带来的潜在威胁，客户愿意做出一些让步，员工也愿意接受他们平时不一定能接受的事情来配合你。

但是，当危机过去，未来的挑战还未到来，这才是真正令人担心的时期，所有的挫折和沮丧、压力和失望，都来自这个时期。在此期间，日常事务总是会不断吞噬你的战略规划，最终使一切宏伟的目标沉寂。这并不是纳什芬奇公司的个别现象，我工作过的每一家公司都没有脱离这一窠臼。

尽管在这种情况下，我们一样可以按部就班地推动战略规划，但公司需要新的动力——我们采用了高效执行4原则。高效执行4原则让我们如同面对生死攸关的危机一样去工作，全神贯注于最重要的事情，并积极努力推动它前进。

现在，高效执行4原则已经渗透到我们企业的灵魂深处，成为企业文化的一部分。今天，即使在其他与高效执行4原则这个主题无关的会议上，我眼前仍然会闪耀着它的光芒，仍然会听到有人在会议上提到“到什么时间，要把某个指标从X提升到Y”。它已经彻底融入纳什芬奇公司的日常工作当中，并将在未来相当长的时间里指导公司的改革发展。

今天，我们知道怎样才能去实现最重要目标，我们也依然会问自己：“明年新的最重要目标是什么？”高效执行4原则已经名副其实地成为我们运营业务的一部分。

我们会庆祝取得的成就。我们知道，不能把庆祝和欢乐留在最后。如果这样做，我们将失去高效执行4原则的基石之一。只有把高效执行4原则和庆祝表彰结合起来的时候，它们才能发挥出最好的效果。我们为整个企业获得的成就而庆祝，也为那些取得杰出成绩的团队和表现出色的个人欢呼。

每当我走到一个部门，却没有看到庆祝已完成工作的鲜艳横幅时，我总是会问："为什么不庆祝一下呢？"答案往往是，人们都在忙于繁重的日常事务。但现在，不论工作多么匆忙，我们都绝不会省略对成功的庆祝，从而让大家都能从中感受到乐趣，你可以在我们的企业里随处看到这样的庆祝条幅。

我记得20多岁的时候，第一次管理仓库。因为之前的工作是商店经理，那时候我还不大明白，仓库应该如何运作。直到我真正投入了分布式业务的工作之后，我才逐渐找到门道。有一天，我从仓库门口走过，两个在休息时间玩跳棋的员工引起了我的注意。我坐下来对他们说，"我很欣赏你们下棋，但你们为什么要在现在下棋呢？"他们说："这是我们的休息时间呀！能在休息时间下棋，是我们每一天生活最大的期待。"你可以理解我当时的困惑吗？我们的工作竟然是如此无聊，以至于我的员工最大的期待，就是在每天的休息时间下棋！

多年后，我来到一个不同的企业，在那里我看到一台巨大的立式钢琴。我问这个矗立在制造车间正中央的大钢琴是干什么用的，有人告诉我，稍等几分钟就明白了。不久之后，一阵铃声响起，所有的员工都聚集在这台立式大钢琴四周，齐声高唱他们的俄罗斯家乡歌曲。我想，有没有一种方法，可以把人们唱歌的能量转移到业务上呢？他们可以充满激情地每天高唱十五分钟歌曲。如果工作上也有这样的激情，该有多好呀！

如今，当我走过我们的工厂时，也看到了功用类似于跳棋和钢琴的事物，大家都玩得正开心。他们所从事的工作，就是他们的棋子，他们每天的工作都充满意义。这个意义不是公司的利润或收入，也不是投资股东每股的收益，而是我们工作的乐趣以及从中体验到的成就感，这或许就是为什么高效执行4原则适用于任何组织的诀窍所在。只要我们能让每个人的工作都充满意义和乐趣，就可以获得强大的力量。

我会鼓励你去思考的另一件事，就是在使用高效执行4原则的过程中，在参加最重要目标会议的时候，去发掘未来的领导人。你会发现组织内有人在不断成长，他们将成为未来的领导者。也许他们现在还在驾驶叉车，或是卡车，亦或者还只是个仓库管理员，但在参加最重要目标会议的过程中，你会直接与他们接触。

当然，在这个会上，你所能发现的不只是那些表现出色的员工，你还会找出那些逃会的人，那些没有按时完成自己工作计划的人，这些都是拖你后腿的人。因为他们的行为，阻碍了你们最重要目标的达成。

最终，高效执行4原则的运用将使你发现、支持、鼓励、保护并挽留那些总是按时完成个人工作计划的人，同时找出那些总是完不成计划的人。

我提供的最后一个建议是，当你为所取得的成就加以庆祝的时候，不必去感谢更高层的领导们。高级领导人没有对此做任何贡献，我还从来没有见过哪一个最重要目标是由一个高层领导独自完成的。导致成功的真实情形是，高层领导发现了有用的工具，他们找到了一个有助于工作进展的方法，但同时也找了更多没有什么作用的方法。是下属的团队领导和成员们接受了正确的工作方法，并去努力学习、践行这个方法，最终才取得了成功。

使用了高效执行4原则之后的情形应该是，高层领导都像一个个高尔夫球童一样。如果在一线工作的团队领导说自己需要一根9号铁杆，你作为领导的工作就是递给他一支非常好用的9号铁杆。如果他们需要一根新的1号木杆，你的工作就是给他找一支可以击球最远的1号木杆。

总而言之，高效执行4原则为我们提供了这样一套方案，由于这套方案和其中的组织原则，我们可以在击球的时候就知道在另一侧是谁负责接这个球。这非常有效，因为这样也意味着最重要的工作会有相应的团队和领导加以负责，而且他们也会从中感到骄傲和自豪，认为自己是在从事一项伟大的工作，这一效果显然是非常强大的。

戴夫·格里森和万豪国际集团

万豪国际集团美洲区总裁戴夫·格里森选择了八个试点酒店率先实施高效执行4原则，结果这八个酒店的业绩提升非常显著，于是戴夫和他的团队先后两次扩大试点规模。最终，在两年之后，他们在700多家万豪酒店实施了高效执行4原则，这也是迄今为止高效执行4原则在全世界范围最大、最重要的一项实施过程。

以下是他对高效执行4原则的见解，以及他对公司经验的描述。

首先让我为大家介绍一下我们的公司，万豪国际集团是一家全球领先的酒店管理公司，在全世界范围内拥有近3700家酒店，大约129,000名员工。85年前，万豪家族确定了公司的核心价值观和企业文化，并在多年的发展中不断灌输给所有的员工。J.威拉德·万豪相信，如果你关心你的员工，他们就会关心你的客人，客人们才会成为回头客。这种服务精神的理念是构筑万豪公司企业文化的基石，通过雇员们对公司的高度满意，实现企业的持续增长。我们将继续创新进取，不断发展我们公司主要业务，同时进一步强化公司的企业文化。

因此，当我第一次听到高效执行4原则的时候，我就认定这就是我们所需要的。它几乎是专门针对我们运营系统的特点，结合我们的实际需求量身打造的。一个最好的证据就是，高效执行4原则使员工们的努力都朝着良性循环的方向发展。事实上，我们从未要求过任何一个试点外的酒店采用高效执行4原则，他们都是主动要求加入到践行高效执行4原则的行列中来的。

我们最开始在八家试点酒店试用高效执行4原则。在试点结束时，每一家酒店都取得了显著的成效。一个最好的例子，来自我们公司最大的旗舰店——纽约市万豪侯爵酒店。在实施高效执行4原则的第一年，酒店的顾客满意度得分就打破了30年来的最高纪录。与此同时，他们的年收入和年利润也都创下了历史新高。所有的领导都知道，一年之内在营业额、利润和客户满意度等指标上，同时实现创纪录的业绩，绝对是件了不起的成就。

基于这一成功经验，我们再次做出决定，在北美洲和南美洲700多家酒店推广使用高效执行4原则，以实现公司成为美洲大陆最卓越的酒店管理公司的最重要目标。我们首先开始组建了一支由万豪酒店经验丰富的领导组成的核心团队，他们将负责和富兰克林柯维公司进行合作，提供业务指导，并负责在整个公司实施高效执行4原则。在公司内部建立这样一支团队，是我们的一个大胆举措，一旦他们开始发挥作用，我们就可以在主要市场的酒店里系统地运行高效执行4原则。可以想见，这需要整个公司上下齐心合力，每一个层面的领导都需要为此付出努力。随着高效执行4原则在一个接一个城市的酒店里开始实施，领导们不但完成了自己的工作计划，而且从此热衷于高效执行4原则的强大力量，并习惯于使用它们来实现自己的最重要目标。

在两年多的时间里，我们先后培训了将近4000名酒店领导，在700多家酒店和公司的销售团队，以及公司总部的许多部门，比如人力资源部门和技术部门，实施了高效执行4原则。在这期间，有大约一万名员工使用高效执行4原则的工作流程，针对各自团队的最重要目标，完成了约100万项工作计划。这充分说明了公司团队在实施高效执行4原则过程中的高度投入和奉献精神，也从一个侧面反映了它们在公司的应用范围之广泛。

现在回头看一看，我愿意给读这本书的其他领导提供几点有用的建议。

第一，设计适合你们企业文化的实施方式。虽然高效执行4原则是适用于任何文化背景组织的普遍真理，但在具体实施的过程中，最好还是结合你们组织本身和员工的具体特点，制订出能激发他们共鸣的实施方式。

第二，要意识到，在一个业已成功的组织里实施高效执行4原则是很困难的。在这种情况下，他们会更倾向于质疑新思路的有效性。我们试点酒店的成功经验和公司的服务文化及信仰，最终感染其他领导，让他们认同高效执行4原则。

第三，高层领导必须确保对所有下级领导的问责。换言之，他们不投入则已，一旦投入就应该全身心地投入。只要你放过一个没有按时完成工作计划的人，其他人就会得到消息，然后对自身工作的要求也会降低。

第四，确保你有相应的队伍来支持项目的实施。组建这样一支队伍并不容易，它需要有真才实学的人才。我们选择了那些有着丰富从业经验和群众影响力的人作为这支队伍的骨干，回想起来，这是我们所做的最重要的决定之一。

第五，实施高效执行4原则将会大大提升你们团队的士气。每一个人每周都可以看到他自己的工作给团队记分表带来的贡献，这样一来，他们就不会只是为了完成任务而努力，也会以更高的集体认同感投入其中。他们可以清晰地看到，每一天的工作都是有意义的。

现在，我们仍然在继续推广高效执行4原则，这对于我们的公司和员工来说都是一笔宝贵的投资，因为它彻底改变了他们每天的工作和生活方式。我们相信，不论最重要目标是市场份额，还是企业利润，抑或是顾客满意度，高效执行4原则都能帮助我们实现目标。

高效执行4原则会全方位地提高你的工作和生活水平，让你学会如何对自己负责，怎样负责地对待别人，最终，成就更完善的自我。

黎安·塔尔博特和美国康卡斯特电信公司

黎安·塔尔博特是美国康卡斯特电信公司自由区域的高级副总裁，该区域包括康卡斯特电信公司的总部所在地费城及其周边地区。在此之前，她是芝加哥大区的高级副总裁，负责伊利诺伊州中北部、印第安纳州西北部和密歇根西南部的市场、营销和运营业务。芝加哥大区是康卡斯特电信公司最大的经营区域之一，也是最能挑战领导水平的地方。

用黎安的话说，“该区的发展潜力是很大的，只是公司在该区的经营劣势还没有得到完全扭转而已。”两年后，在公司的内部排名中，黎安和她的团队将该大区从垫底提高到了第二名，而且还有继续上升的趋势。

以下是黎安的见解，以及她对自己在整个芝加哥大区实施高效执行4原则经验的描述。

“以前在其他地区做哪些事，在芝加哥也要做到，这是最重要的。”在竞聘康卡斯特芝加哥大区的领导职位时，我这样定位自己的工作目标。我同时指出了芝加哥大区的两个重要特点：其一，这是面积最大的一个地区，占据了全公司经营区域的10%；其二，该大区的经营状况并不好。

在过去的九年，在康卡斯特公司用来衡量业绩的各项指标中，这个大区几乎把所有的倒数第一都占了，就算更换了一届又一届领导，情况也未得到改善。可以说，这不是一个令人感到愉快的地方，公司的杰出人才也大都不想在这里冒险，以免对自己的职业生涯产生负面影响。

就是这样一个舞台，很显然，我们需要迅速改善业绩，也因为该地区的重要性，我们也得到了越来越多的关注，这也为我们增加了额外的压力和动力。简而言之，我们需要一个良好的发展计划，并严格加以执行，现在就需要。

首先，我们要确保将领导班子的思想调整到位，他们需要为全公司营造一个思想开放、相互尊重和勇于担当的文化氛围。最终，我们不得不调整了70%的领导，从而打造出了一支对工作高度投入、具有极强榜样示范作用的领导团队。

然后，我们要给整个团队以信心，让他们相信自己一定会赢。所以，我们抓住任何一个不起眼的机会来庆祝成功，不管这个成绩是多么的微不足道。起初，大家很难找到值得庆祝的成就，但在接下来的几个月里，成功孕育出了更多的成功，整个团队也开始逐渐自信起来。在齐心协力的努力之下，我们还在一个关键指标上在全公司取得了冠军，这更加鼓舞了我们的士气，也使我们的努力和成绩开始得到全公司的认可。

有了这些基础之后，我们明白，是时候找一个聚焦点加以突破了，这将是我们实现整体业绩大翻身的第一个有效催化剂。难度在于，我们的运营需要关注太多的领域，从中找出一个最值得关注的切入点就显得有点无从下手。

我们都听说过这样一句话，“山重水复疑无路，柳暗花明又一村”，这也是我们所遇到的情况。我们团队的一个领导，在参加了一次关于高效执行4原则的讲座之后，走到我的办公室，他激动地说：“这正是我们所需要的。”在晚上回家的路上，我听着高效执行4原则的录音，不得不承认他说的是正确的，我简直等不及了。整个团队都深陷日常事务的泥沼，我深信高效执行4原则就是那条通向彼岸的光明大道。

现在只有一个问题：作为一个运营区域，我们还没有实现我们的运营目标。作为一个新上任的领导，我面临着一个艰难的抉择，必须决定是否要在这个各项开支都受到削减的时候，去投资引入高效执行4原则这样一套系统。从个人角度来看，我还担心这项投资是否会释放出一个错误信号，令大家怀疑我是不是失去了信心，认为仅仅依靠团队自身是不足以使芝加哥大区的运营状况脱离困境的。

最后，我还是决定冒这个险。因为我的确相信，高效执行4原则可以带来我们迫切需要的架构和聚焦。在整个实施过程中，我都没有将高效执行4原则视为一项新的培训计划，或者是管理程序。相反，它就像是一个“操作系统”，我们既可以在其中维持日常事务的正常运转，又可以同时推动我们的最重要目标。从本质上说，高效执行4原则提供了这样一种方法，不论我们日常工作有多么繁杂紧急，都可以系统地执行制订的计划，确保产生相应的结果。

我们悄悄地开始了在芝加哥市的试点工作。作为美国的第三大城市，芝加哥是一个独特的运营环境。在这里运营有线通信系统，对我们来说是一个重大的挑战，因为我们曾经因此败北甚至说惨败。尽管付出了所有可能的努力，我们的业绩提升似乎仍然驱动力不足，但这绝对是验证高效执行4原则效果的理想环境，因为如果它们在芝加哥行之有效的话，就一定能推广到整个地区去。

接下来的成果，以及高效执行4原则对整个团队士气的积极影响，进一步坚定了我们将之推广到全地区的决心。在运用了高效执行4原则之后，我们的重复拜访率降低了一半（重复拜访率是指我们去客户家里上门服务解决问题的重复次数）。另外，我们的客户挽留成功率也提高了一倍，也就是说，当客户决定销户的时候，我们能够说服他们留下来，随之而来的是各项指标的大幅攀升。仅仅在最初的5个月里，我们在高效执行4原则上的小小投资就节省了两百万美元的开支。

除了这些经营业绩之外，高效执行4原则给团队的精神面貌也带来了很大的改变。我看到技术总监戴着充满激情的红色假发，走入会议室参加他们的最重要目标会议。我看到他们带着可爱的泰迪熊一起开会，一起开心地欢笑、工作。一线的技术人员每周定时围在记分表前，等待工作成绩的公布……通过这些，我们的最重要目标稳步向前。

因为承认日常事务的现实性和必要性，我们获得了发展必需的信誉。虽然我们的日常工作将一直继续下去，它们永远不会凭空消失，但我们也承诺，并用行动证明，高效执行4原则将帮助我们在关键领域取得进展，并最终减少日常事务的强度。

如今，我们大区业绩在整个公司的排名已经是名列前茅，而且我们的财务指标和客户满意度指标还在继续攀升。作为雇主，我们还得到了入选《芝加哥论坛报》“2011年百强雇主”的荣誉。在一开始，我真没有想到，这一进展会发生得如此之快。

我觉得高效执行4原则就像一所房子的架构，但是我也牢牢记着，这所房子不仅要有框架，还需要有经验的工匠、强大的动力和各种原材料。更重要的是，要有魄力的领导和对整个实施过程的坚持不懈，才能最终得偿所愿。

B.J.沃克和乔治亚州民政部门

B.J.沃克曾在伊利诺伊和乔治亚两个州的行政部门担任主管，并曾在芝加哥担任市长。2004年，她被州长桑尼·普度任命为乔治亚州民政部门负责人，运行庞大的政府服务机构，接手超过32亿美元的年度财政预算，管理将近两万工作人员，负责监督几乎全州的民政服务。

2007年，她开始使用高效执行4原则在民政部门施行改革，特别是在那些容易导致人身伤害，甚至死亡等严重事件的领域实施改革。根据她的工作报告，一些关键指标，比如儿童福利、子女抚养费、食品安全以及其他事关民生的福利项目，都有了重大的、可持续的进展。

以下就是她对高效执行4原则的观点，以及她对自身经验的描述。

2007年，当州长桑尼·普度让我试一试高效执行4原则的时候，我正在这个麻烦多多、危机重重的部门推行缓慢而稳健的改良。尽管如此，我们还是感到工作是如此艰难。我们要实现持续的良好表现，要确保大量的财政资金得到合理的分配，要使用尽可能量化的工具每天对一线的工作进行衡量，还要注意来自媒体或者上级部门的监督。在无数个日夜里，我辗转难眠，因为只有这么一点点时间、人手和资源，却要应对那么多的挑战，我深感肩上责任重大。

高效执行4原则的实施改变了这一切。

首先，它使我坚定了对未来的信心。作为一个团队去战斗的时候，我们不应该把所有希望都寄托于天才或者少数几个表现杰出的人身上。

其次，它坚定了我摒弃使用滞后性数据做报告的决心。那些数据总是姗姗来迟，单凭它们就可以判断出我们的得失成败，然而总是放马后炮，来不及再做任何有益的修正了。我打垒球已经有很多年了，其中一个感受就是，一局一局地输掉比赛，比一下子输掉整个比赛还要难受得多。如果你只使用滞后性指标，就好比只看每一局比赛的得分，你会看到自己在一点点输掉，却来不及做任何可以扭转颓势的改变，只能任由失败接踵而至。

好在，当你把聚焦点放在引领性指标上时，你就会看到它们的进步。当你的引领性指标前进时，你的滞后性指标就会取得成功。悲剧的是，大部分公共服务部门从没有过每周都能看到成功数据的经历，结果，连他们自己也不相信能取得成功。我把保持对记分表的关注作为自己的一项职责，并将之公布于众。最终，我们成功延续了这种关注，并使我们的团队成功多过于失败。

最后，也是最重要的一点，它使我坚信，必须不断学习新的行为习惯，尤其是，从一个领域的领导，或者主管的角度，转向同时以管理层的高度和团队的实际来做领导工作。我需要一步步从任务的基础开始稳扎稳打，然后认真实践，灵活地在管理者和团队成员两种思维之间跳跃，才能最终取得既不脱离实际又满足高层需求的结果。

我们都知道，让别人接受我们的使命和目标并为之不懈奋斗是一件很难的事情。对于我们的部门来说，情况更为特殊。高效执行4原则则把我们拖出了这种恐惧的心理状态，在我们的看护照料下，可能导致重伤或者死亡的人员中，死亡率足足降低了50%！

一旦把问题摆到桌面上来，我们团队里的每一个人都会承认，这就是我们的真正使命。有趣的是，整个团队一直都想做好这些事情，但对于大部分团队成员来说，又是这些事情把他们拖在原地不能前进。创建我们的最重要目标，使我们对自己的核心使命有了真正的控制权，那就是，尽量避免让不良的事件发生在儿童和虚弱的成年人身上。这样的控制权也给我们的发展带来了显著的改变，最终，我们通过使用高效执行4原则，更加勇敢地承担起自己的社会责任，降低了人口死亡率和意外伤害率，而且，我们更加团结，以团队的集体奋斗去确保我们的成功。

很多人会问我，高效执行4原则带给我们团队的最大改变是什么？我的答案从来都是一样的，那就是——每周一次的最重要目标会议。对于我们这样一个政府部门来说，几乎所有重要的结果都是滞后性指标，不论是来自上级机构的考核，还是来自州长或者市长的评价，都是在事情做完之后才能做出定论的，但是，我们民政部门已经在很长时间里都没有取得什么好成绩了，以至于管理层甚至不知道到底怎样才能取得成功，或者是哪些事情导致了工作表现不理想。大家都有积极负责地去工作的态度，却又都不知从何处入手才合适。

最重要目标会议把所有人都聚集在一起，打通了从领导层到一线工作的视野。关于引领性指标的数据每周定时送到领导面前，强迫他们去了解一线工作的情况。同时，这样的会议也为一线员工提供了和领导们近距离接触沟通的机会。

我敢说，你所在的组织越庞大，越官僚化，这种效果就会越明显。一个私企老板如果知道掌管一个大型公共机构组织是多么容易的话，他一定会感到吃惊，因为你甚至可以放任不管，这个机构照样会正常运转。但是高效执行4原则就通过最重要目标会议的方式，强迫那些领导们坐在屋子里，去和一线员工以及一线工作相接触。

与其他范例的故事类似，我们最终成功超越了最重要目标，将虐待儿童的事故复发率降低了60%。

在开始接触高效执行4原则的时候，我正面临着职业生涯中最大的挑战：我下属的两万雇员一个个人心涣散，我们经常因为导致儿童伤亡的事故受到媒体舆论的谴责，部门领导如走马灯一般五年更换了六任。

在高效执行4原则的帮助下，在我们全部门员工的共同努力和无私奉献下，我们终于达到了梦寐以求的目标——乔治亚州的儿童得到了更好的呵护和安全保障，对于我们来说，没有什么比这更重要的了。

将整个组织聚焦于最重要目标

Focusing the Organization on the Wildly Important Goal

（合作作者：斯科特·塞勒）

从前文四个故事中，你会发现，如何将众多下属的关注点聚焦于几个最重要目标，是每一个领导都面临的共同挑战。

只有在他们对最重要目标有了共同关注之后，组织才能取得最惊人的成绩。

在本书的第一部分，我们介绍了聚焦最重要目标的原则，帮助读者聚焦自己组织的能量。

原则1的准则

1. 任何人在任何时间同时拥有的最重要目标都不要超过3个。
2. 局部战役必须要为赢得整个战争服务。
3. 领导可以否决，但不能独断。
4. 最重要目标必须要有明确的完成时限和标准。

这些准则看起来可能很直接，甚至很简单，但是坚持遵守它们却需要强大的纪律意识和奉献精神。让全体人员为一个目标建立共同关注，对任何组织来说都绝非易事。事实上，任何一次高效执行4原则的成功实施，都是从领导们勇敢迎接聚焦组织关注点这一挑战开始的。

在本节，我们将展开来一步步教给读者应该如何运用这四个准则，将你们组织复杂的战略计划转化为几个简洁明确的最重要目标。通过实际的案例，我们也将展示给读者如何将这些最重要目标顺利传达到一线工作中去，从而使读者明白这些准则在每一个组织层面的具体实施方法，以及最终会产生的成效。

将组织的战略计划转化为最重要目标：奥普里兰酒店的案例

奥普里兰酒店是美国除了拉斯维加斯之外最大的会议酒店，当我们第一次在美国田纳西州的首府纳什维尔市见到该酒店的领导们时，他们正面临着几十个紧急的任务，例如：

- 引入新的市场和广告方案
- 规划2000个房间40万平方英尺的扩展计划
- 增加新的创意来提高客房入住率
- 控制开支以提高效益底线
- 投资多个新项目以增强客户满意度
- 进一步改进他们的会议服务
- 更新路标，使客人能在占地56英亩的酒店里快速找到自己要去的地方

……

和绝大多数领导一样，他们手头的事情排得满满的。作为读者，你也会有自己的工作列表，而且不论你多少次想要精简它们，单子上的事情依然密密麻麻，令人感到头晕目眩。我们想要通过此例让读者知道，在这一点上，你并不是特例。

当奥普里兰酒店的运营团队开始使用高效执行4原则的时候，他们最为关键的第一步就是要将整个酒店的关注点聚焦到最重要的事情上来。然而这些事情永远不会自动发生，特别是在大型的组织里。要做这项工作，首先就要回答那个问题："如果我们运营的其他领域都不发生任何变化，我们最想改进的是什么？"再次重申，切忌去问"我们最重要的工作是什么"这样的问题，那只

会导致无休止的争论。

在运营团队的每一个成员都表达了自己的意见之后，他们确定，提高客户满意度是最值得改进的领域。做出这个选择的主要理由是，客户体验会直接影响到其他所有方面，从酒店收益到市场份额。同时，这个领域可以得到最广泛的关注度，每一个酒店员工都可以为这个目标做出自己的贡献。

在明确了聚焦点之后，他们的总经理亚瑟·基思接受众议，将提高客户满意度作为酒店最高层次的最重要目标。他在这个制定目标过程中的角色既重要，又要合宜。领导们要充分谦虚地聆听大家的意见，并善于从中发现机会，此外，他们又要在适当的时候表达自己的观点，引导大家达成共识。领导们必须要能同时扮演好这两个角色，主要任务是参加讨论，同时还要努力捍卫一个正确的观点。

为整个组织选择一个最高层次的总体目标，感觉有点像在买一双鞋，你需要先试着穿上走几步才能确定是否合适。不要强制你的团队在匆忙之中制定最重要目标，相反，不妨先选个看起来合适的最重要目标，让下面的团队领导试着根据它，去制定他们各自的最重要目标。如果原来的总体最重要目标不适合在整个组织中运用，他们就一定会在此过程中找到其他的替代目标。

高层次的总体最重要目标是一个严肃的组织计划，所以领导团队往往会因此犹豫不决。这也是为什么有如此之多的组织，从未真正达到聚焦的原因所在。所以，要给你的团队选择和考虑他们目标的自由空间，放手让他们去选择你们组织的最重要目标。

在继续奥普里兰酒店的案例之前，我们先来看一下大部分组织的整（总）体最重要目标是怎样得来的。

整体最重要目标的来源

我们发现，所有的领导团队，不论是位于什么地区，从事什么行业，他们选择的组织的总体最重要目标一般都来自以下三个领域之一，财务、运营，以及客户满意度。

财务类最重要目标，不论是最高总收入，还是最低利润，或者其他中间指标，一般都是以金额来衡量。不过出乎意料的是，我们的众多客户中，将财务目标列为最重要目标的不到三分之一，尽管他们大都将其列为最重要的目标之一。

运营类最重要目标，关注的是生产线、产品质量、工作效率或者经济规模，大多数领导团队最开始会关注这一类目标。这类最重要目标往往会关注一个关键的运营指标，比如产品数量、质量、市场份额，或者是拓展新领域，等等。

客户满意度类最重要目标，旨在将现有工作表现提高到出色的境界水平，不论是对于公司的客户，还是医院的患者，抑或是酒店的客人。这类目标和前两大类的区别在于，客户满意度和客户的切身感受息息相关。

从使命到最重要目标

你们组织的整体最重要目标，并非就是任务陈述的翻版。它也不是你们的愿景，而且，往往也不能完全代表你们组织的战略计划。你们的整体最重要目标，是一个聚焦点，因为它需要人们行为习惯的改变，所以你们需要侧重于这一点投入更多的力量。

下图将有助于理解最重要目标在整个组织架构中的地位。

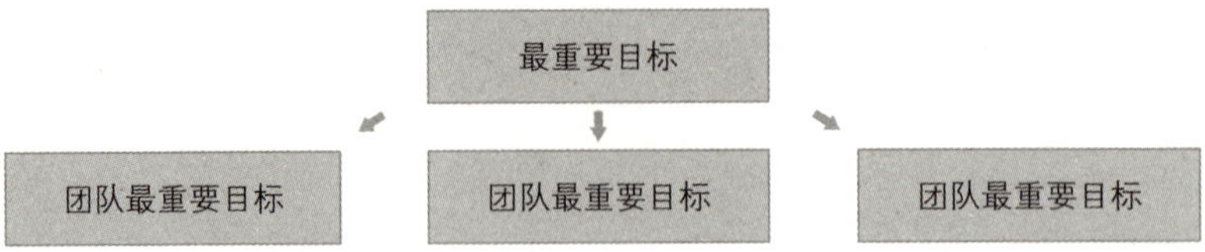

如果和大多数组织一样，你们就会有一个特定的使命，或者是对你们组织存在原因的准确表述。一旦使命确定了，很多领导就会去清楚地表达，希望在

将来，比如五年后，在哪些方面达到什么样的成功，这就是你们的愿景。不论是使命还是愿景，都是一种渴望，是一种描述或者想法，你们希望自己的组织在将来能成为那样。然后，你们会制订一个战略计划，具体筹划怎样一步步将理想的愿景变为现实。我们认为，一个有效的战略计划通常包括以下三种成分：

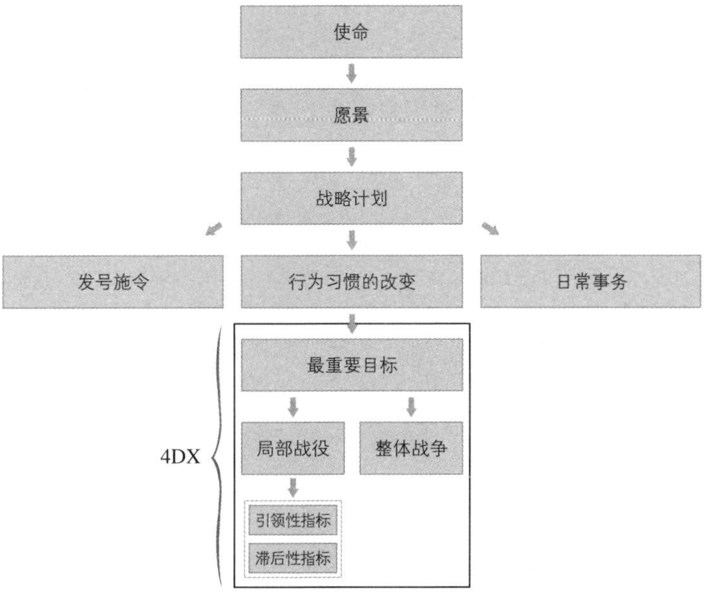

第一种成分，就是我们所说的“发号施令”就可以做到的事，是指那些最基础的事情，只要你有资金和权力，就可以决定去实施它们。这些事情也很重要，即使在奥普里兰酒店开始实施高效执行4原则的时候，他们也还有很多这样的事情需要做。

第二种成分是日常事务，这其中包括了你们各级领导需要处理的各种事务，你们要确保各团队的所属工作都得到了有效完成。当领导们使用高效执行4原则来实现他们的最重要目标时，他们依然要在这些核心事务上保持有效的精力，这些成分可以通过诺顿公司或者卡普兰公司的平衡记分卡来监控。

战略计划的第三种成分，则需要人们行为习惯的改变才能得以顺利实施。

它们是到目前为止，实施所有战略计划所面临的最大难题，也是高效执行4原则的主要作用目标。

将战略转化为特定的完成标准

既然奥普里兰酒店已经选定将提高客户满意度作为总体的最重要目标，他们下一步要做的就是为这个目标制定完成标准。

奥普里兰酒店用来衡量客户满意度的标准，只是一个简单的五分制标准。这和一般常用的客户满意度标准相比，显然有点过于简单笼统了。他们首先扪心自问，最高能达到什么样的客户满意度水平。在他们前几年的顾客打分中，打5分（非常满意）的平均比例是42%，而历史最高水平是45%。经过激烈的争辩，他们决定将55%的非常满意水平作为酒店的总体最重要目标达成标准。

对于这个总体最重要目标，我们称之为一场战争。奥普里兰酒店随后就开始着手围绕如何赢得这场战争，制定各个下属团队的最重要目标，我们称之为局部战役。

最后，奥普里兰酒店的领导们认定要完成55%的非常满意水平总体目标，必须打赢三场战役，它们是，抵店体验、问题解决和餐饮质量。

抵店体验　这场战役非常关键。他们的调查研究表明，一旦客人在最初的15到20分钟之间对一家酒店产生了不良印象，这种不良印象就很难消除。客人首次入住的体验越好，对这家酒店的整体印象就会越好。

问题解决　酒店领导知道，不论如何努力，总还是会有出差错的时候。提高客户满意度，不可能完全避免问题，而在于问题发生后怎样解决，酒店对客人遇到问题时的反应将直接造就或毁掉客人对这家酒店体验的全部印象。他们希望自己的团队为客户解决问题的能力能达到世界级的水准。

餐饮质量　奥普里兰酒店的面积很大，所以客人们不大可能总是外出就餐。而酒店里的大部分餐厅餐食价位被认为是合理的，就餐环境也不错，所以客人们对食品质量的期望值很高，满足客人们的这些期望将会显著提高整个酒店的客户满意度。

奥普里兰酒店的领导们认为，只要他们把整个酒店的精力集中投入到这三场局部战役中，他们就可以取得成功。赢得这三场战役将会赢得整场战争，当意识到这一点的时候，他们发现达到55%的非常满意水平这个目标看起来很有希望了。这就是领导团队至少要确定赢得战役的力量所在，从而使他们策划的战争能够取得成功。

当然，选定战役，也还只是开了个好头。他们还需要制定一个完成标准，到什么时间，把什么指标从X提升到Y。他们不但要指出每一场战役可能达到的最好成绩，还要确保，达到这些成绩之后，能完成整体最重要目标。

如果打赢这几场战役之后还是不能赢得整场战争的话，要么是你们的战略计划有问题，要么是你们制定了一个不可能达到的目标。

还是要谨记杠杆作用的原理，杠杆移动一大截，才能撬动巨石一点点。

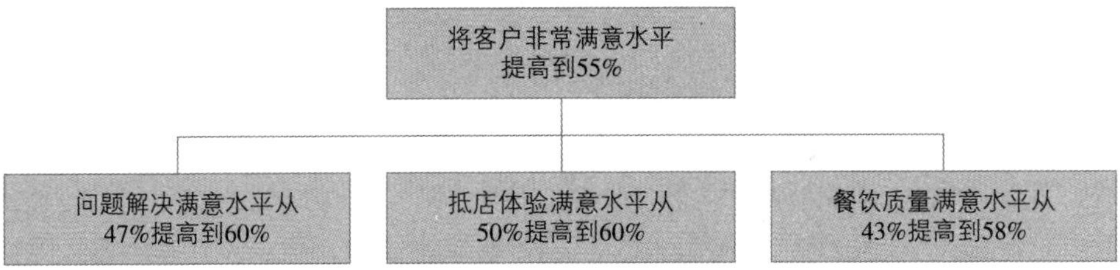

奥普里兰酒店为赢得提升客户满意度的战争，所精心策划的三场战役。

奥普里兰酒店的领导团队花费了一整天时间，来策划这场战争和其中的关键战役，以及它们的完成标准。在这一天结束的时候，负责此事的丹尼·约翰感慨道："现在做完了看一看，这些事情看起来都这么简单，好像我们完全可以边吃午饭边在便笺纸上写出来似的。"他说得没错，但是他也明白，正是简洁明了，才使得这些计划行之有效。

丹尼的想法也在总经理亚瑟那里找到了共鸣，亚瑟说："这是我们作为一个领导团队，共同度过的最有价值的一天。我们第一次仅用几行字，就把整个酒店的战略计划和行动方向清楚地表述出来了。”

奥普里兰酒店领导团队为此兴奋不已，这项工作对团队的实际影响也逐渐显露出来。酒店里的75支不同的团队，开始制定自己团队的最重要目标，为达成酒店的总体目标提供保障。他们选择的最重要目标，至少要能为赢得三场战役中的一场提供帮助。

真正引起我们兴趣的是行李托运团队，多年以来，这个团队一直在为如何提高客人行李运送速度而纠结困扰。现实是，面对陈旧的系统和56英亩的酒店面积，他们为每位客人运送行李的平均服务时间是106分钟。没错，客人们需要为他们的行李等待一个小时46分钟。这个团队也知道，即使前台手续办理快速，客房也是现成的，他们这样的行李运送速度仍然会影响客人们的抵店体验。因此，他们将团队的最重要目标设定为，把为每位客人运送行李的平均时间从106分钟缩短到20分钟。在他们聚焦这个最重要目标仅仅几个月之后，他们就超过了预定目标，将平均行李运送时间缩短到了12分钟。

下图是我们刚才提到的，在酒店提高客户满意度的整体目标下，打赢“抵店体验”战役的高效执行4原则架构图。

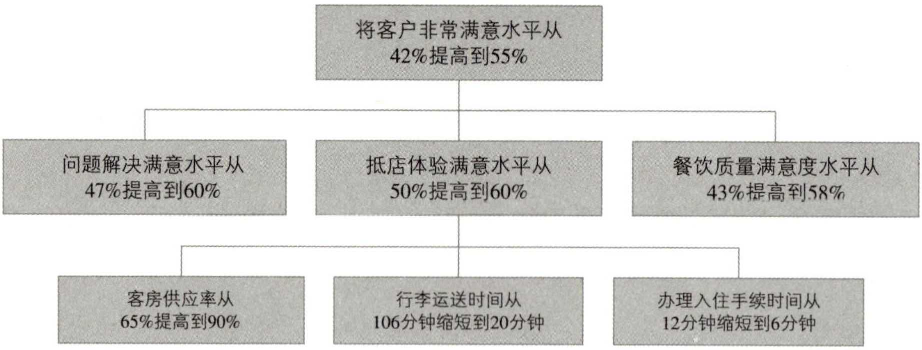

还有一点很重要的就是，以上每一支团队都依然把他们大部分的时间花费在酒店的日常事务上，管理酒店，服务客人，应对每天几十起的意外挑战。但

LINK:http://www.franklincovey.com/Solutions/Execution

请用安卓手机或者iPhone扫描二维码
观看奥普里兰酒店的视频案例

是现在，一切又都和以前不一样了。除了自身负责的日常事务之外，每一支团队都有自己的最重要目标，而且因为他们的最重要目标都有着明确的完成标准，他们不但要为其负责，也都在渴望成功。

对于每一个最重要目标，他们也都制订了引领性指标，创建了竞争性的记分表，并且每周开会制订可以推动记分表的工作计划，就像我们在第二部分中所讲的一样。如果75支小团队都能为了一个共同的总体目标而努力奋斗的话，就必然会产生惊人的成果。

在这样实施高效执行4原则九个月之后，奥普里兰酒店的客户非常满意水平已经不止是原定目标的55%，而是达到了61%，而在此之前，他们的客户非常满意水平从未超过45%。现在，他们仅仅花了九个月，就实现了几乎相比先前一半的提升。尽管是建造最老的酒店，但是现在奥普里兰酒店的客户满意度依然名列榜首。虽然我们也曾经有过很乐观的估计，但是依然没料想到他们能这么快，取得这么大的进步。

对于我们来说，奥普里兰酒店提供了一个有力的证明：即使是在那些运行最为良好的组织中，如果他们能把空洞的战略意图转化为一套特定的目标完成标准，就仍然能够挖掘出大量的潜力。

从：战略　　　　到：特定的完成标准

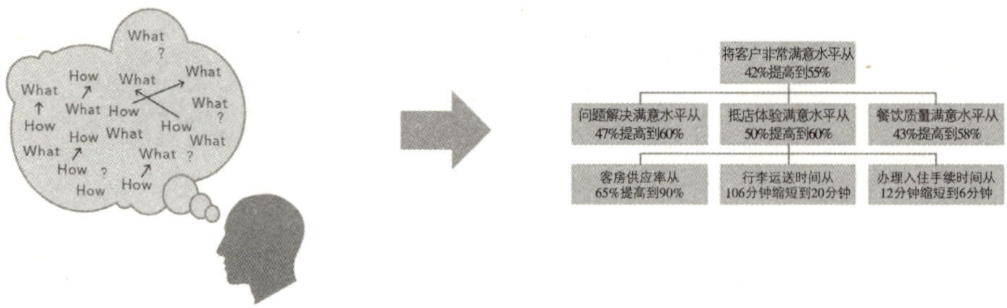

很多组织的目标模模糊糊，使人们不明白需要达到的完成效果。他们需要清晰无误的完成标准，然后就能知道怎样才算成功。

借鉴相似组织的最重要目标

现在我们来把实施高效执行4原则的经验迁移到一家拥有几百家连锁店的大型零售商。和奥普里兰酒店一样，他们的最重要目标就是改进客户体验。在这个案例里，就是要提高顾客的口碑推荐可能性。这是一个由著名商务策划师弗雷德·赖克哈尔德提出来的客户忠诚度指标。其研究表明，商店的收益和顾客向朋友们推荐这家商店的可能性之间，有着极强的关联性。瞄准这样一个最重要目标，他们的领导团队进行了一整天紧锣密鼓的商讨，讨论赢得这场战争至少需要的战役，并最终决定了以下三场最重要的战役。

- **增强顾客归属感**　方便快捷的购物环境是顾客们喜欢，并向他人推荐一家商店的根本原因之一。这场战役主要关注他们的营业员是否在顾客一进门，就能积极帮助顾客尽快找到他们所需要的商品。

- **减少缺货数量**　这一点也很关键。如果一个顾客买不到他想要的商品的话，商店损失的不止是这一笔生意，这位顾客以后是不大可能推荐这家商店给其他人的。

- **加快结账速度**　在这个快节奏的社会里，尽快让客户结账，减少他们的排队等候时间，将会给他们留下非常好的印象。如果顾客对一家商店的最后印象就是令人恼火的等候结账的话，这显然会影响到他们对整个购物过程的美好感觉。

现在，我们来看一看一个多部门的组织是怎样将其最重要目标转化为一线工作的。为了简单起见，我们将描述这个公司如何将一个区域的最重要目标转化为各个分区的目标，各分区又将如何将其传达到各个商店去。和奥普里兰酒店不同，这些商店的功能都是一样的。所以他们可以共用同样的最重要目标和关键战役。当然，他们可以根据各自的具体情况制定不同的完成标准。

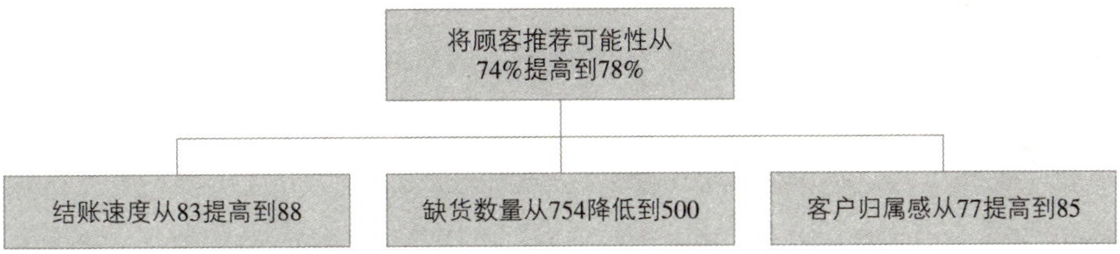

为了提高顾客推荐可能性，连锁商店制定的三场关键战役。

所以，这个区域为自己制定“把某指标从X提升到Y”的最重要目标。然后下边分区的领导们，在整体战争—战役的框架下，为自己分区制定“到什么时间，把某指标从X提升到Y”的最重要目标。

在这个例子中，领导并不为分区制定具体的完成标准，分区领导有他们的自主权。但是区域领导有权要求分区做出调整，以适应整个区域的规划。最终，区域领导确保各分区制定的战役都是瞄准打赢区域的整场战争的。

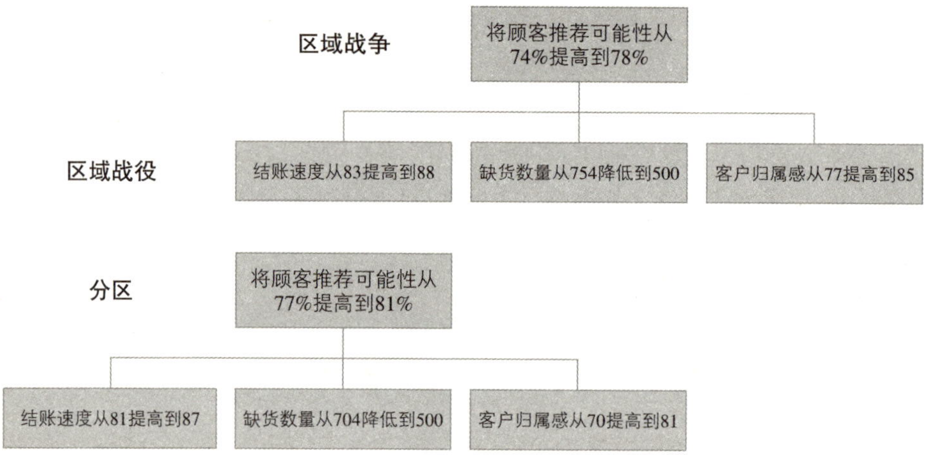

每家商店的最重要目标都是和所在分区的目标相同的，但是具体的完成标准则有所区别。另外，在这个层面上，还有一种变通。商店们有权力从分区领导的角度出发，选择对本店最有利的战役。如果一家商店在结账速度或者客户归属感方面已经做得非常好了，他们就可以进一步集中精力去进行其他的战役。在这样的情况下，商店领导还可以选择他们更感兴趣的其他目标去做，也可以继续进行原来的战役。

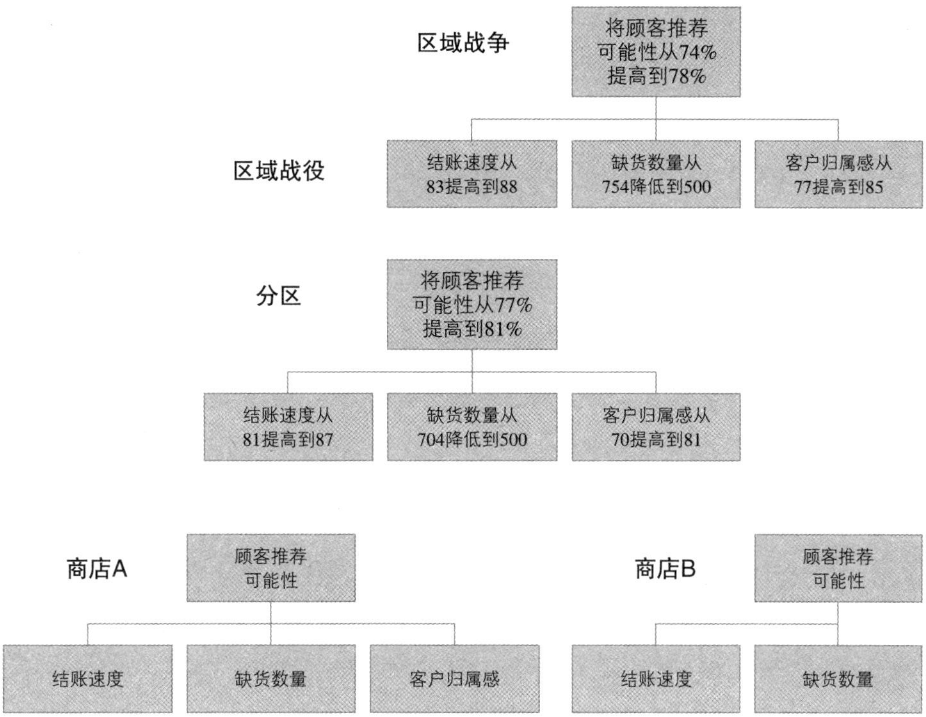

一个清晰的可执行策略

在前两节，我们描述了一个紧张快速的制定最重要目标的过程。不论是在拥有多个不同功能团队的奥普里兰酒店，还是各家商店功能类似的连锁零售商，他们都在一天之内确定了自己组织的高层次最重要目标。实现这些目标的计划清晰而简单，但更重要的是，它们是可执行的。

对于一个组织来说，高效执行4原则不是用来执行那些需要发号施令来完成的工作的，它们也不适用于监控每天的日常工作是否得到了落实。它们是专门用来驱动人们去进行必要的行为习惯改变的，因为很少有领导和组织拥有这样的原则，你将整个组织聚焦于最重要目标的能力，就将是你的竞争优势所在。

在整个组织中推广高效执行4原则

Rolling Out 4DX Across the Organization

下面的一节是我们在写作过程中感到最为艰难的部分。我们的目标不只是要帮助你在团队里实施高效执行4原则，还要为在一个拥有多个团队的更大组织里推广高效执行4原则提供可靠方法——我们花费了几年时间来总结出这个方法。

通过最初三年的研究实践，我们已经可以在和客户的合作中，指出他们哪里做得好，哪里还有不足，并帮助他们加以改善，然而，谈及如何在一整家大型组织中推广高效执行4原则，依然会令我们感到棘手。

从一开始，我们的客户就非常欢迎高效执行4原则的概念，而且在几乎每一次实施中，我们都取得了成功。在这些案例中，几乎所有团队的领导都清醒地意识到了高效执行4原则对于团队，甚至对于他们个人的发展，意味着什么样的机会。他们使用高效执行4原则取得了不俗的成绩，但是要想把这种成功复制到一个大型组织中去，将星星之火燃成燎原之势，却并非易事。

我们知道，在实施过程中，需要做出和实施高效执行4原则同样规模的改进，但是首先，我们必须知道怎样做不行，为什么要改进。

怎样做不行

在过去的30多年中，富兰克林柯维公司一直是全世界最成功的培训公司之一。在此基础上，我们自然而然想到将高效执行4原则作为一个培训方案。然而，我们错了。

正如华尔街投资大师伯纳德·巴鲁克所说的一样：“如果你只有一只锤子，你看什么都会像是钉子。”指导培训是当时我们唯一会做的事情，而且在过去做得很好。在我们早期提供的高效执行4原则培训中，我们花了几天时间，将几十个领导从日常事务里拖出来，教给他们高效执行4原则的概念，他们也认为这些概念非常有用。然而在每次培训结束之后，那些领导们都会表示出对所学内容的遗憾。这些经历迫使我们不得不接受这样的事实，接受一个理念和实施它完全不同。

问题在于，当我们的培训结束时，日常事务就在那里等着了。当你把培训时候落下的工作补上来的时候，你对那些新概念的激情和冲动可能已经消磨殆尽了。

另外，我们的客户似乎对高效执行4原则的概念还没有很深刻的理解，这时候进行合作去实施这些概念也很困难，特别是，高效执行4原则还是违背人们的直觉的。

最后，尽管透彻理解了高效执行4原则，但这仅仅是纸上谈兵。我们需要实际的工作来使它们融入组织的运行中，成为团队文化的一部分。

阿图尔·加万德博士对此有很好的表述：“坚持原则是困难的，比诚信、技能甚至大公无私更困难。我们从本质上就是易变的，我们甚至不能停止在三餐之间吃零食。人类或许生来就不是坚持原则的，我们天生具有更多的创意和激情，缺乏对细节的认真关注。坚持原则是我们必须要努力去做的一件事。”

尽管有这样那样的挑战，我们也经常会遇到一些杰出的领导，他们运用高效执行4原则创造出了惊人的业绩，但总的来说，在参加我们培训的领导中，这样的成功者实在是凤毛麟角。我们逐渐认识到，要在一整家组织中取得广泛的成功，需要有一套系统的实施方法，来确保高效执行4原则在这个组织中发展成锐意进取的燎原之火。

怎样做行

在对那些成功实施了高效执行4原则的领导和团队进行了认真的调查研究之后，我们开始研发这样一套实施高效执行4原则的系统。以下是我们工作的几个主要特点。

高效执行4原则必须要作为一个流程来实施，而不是一个孤立的行为。在本节，我们将展示给读者成功实施高效执行4原则的六个步骤。这六个步骤可以运用于任何需要实施高效执行4原则的团队或组织。

高效执行4原则要在一个完整的团队中实施。这一点很重要，因为几乎所有组织的最重要目标都需要多个团队的齐心合作，但这并不意味着你必须一股脑儿地把高效执行4原则介绍给一个组织的所有人。在大型的组织中，我们发现一次和10到20个团队进行合作，实施的效果是最好的。

高效执行4原则必须由领导来组织实施。我们最大的一个思维突破就是，实施高效执行4原则最成功的方法，就是通过那些靠近一线工作的领导者来实施，而不是依靠我们几个顾问去给他们讲解这些原则。所以，我们将注意力转移到如何用高效执行4原则武装他们的领导，而不再是由我们直接去运用于他们的团队。从这点出发，我们将这个过程称之为**“领导认证培训”**。

在我们描述具体实施高效执行4原则的过程时，有的领导会马上看到其中的益处，但也有人会存疑，自己的能力是否足以一下子引入这么多的变革。没错，一个成功的概念引入必然要求有细心的准备，但是我们也愿意告诉你，我们已经见证上千个经验、能力层次不同的领导，他们都成功引入实施了高效执行4原则。

高效执行4原则的实施过程

以下六个步骤，不仅会产生直接的结果，还会给你们的组织带来一个“操作系统”，帮助你们一次又一次实现组织的最重要目标。

由于我们的大多数客户都想快速有效地将高效执行4原则同时引入到多个团队中，我们在此就给大家展示一个整体框架，阐释如何将高效执行4原则同时引入到十个甚至更多团队。

第一步：确定整体最重要目标 如果你领导了多个团队，就应该制定一个总体的最重要目标。

第二步：设计团队的最重要目标和引领性指标 这一步可能需要两天时间。领导们需要更深刻地学习高效执行4原则的理念，温习实施高效执行4原则的案例视频，然后一起学习这些案例，这可以让每一个领导更好地把握高效执行4原则的精髓，并学会怎样运用它们。

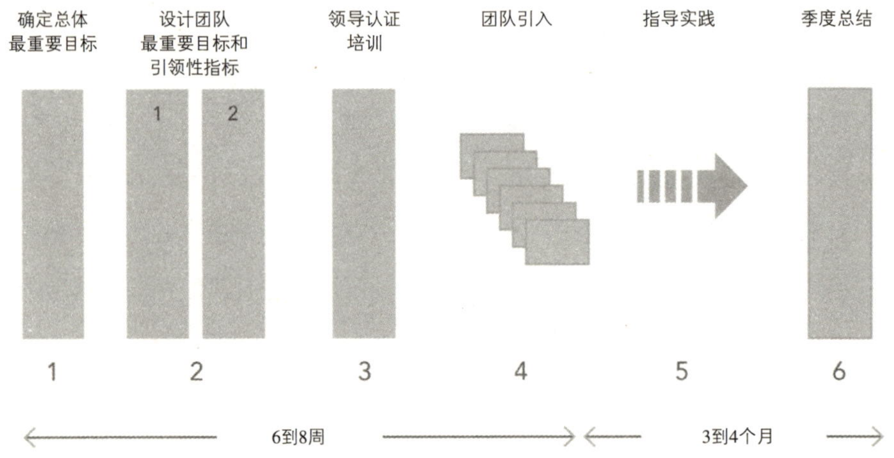

本图描述了实施高效执行4原则的六个步骤，以及整个过程的大致时间安排。

每个领导为本团队选择一个最重要目标，代表本团队能对组织最重要目标做出的最大贡献。高级领导在此要发挥关键作用，因为他们要判断这些团队的目标加起来，能不能达到组织总体的最重要目标。在这个角色上，高级领导要为团队最重要目标提出必要的建议，甚至要将不符合的否决掉，但是他们不应该直接给各个团队指定目标，择选目标的，应该是各个团队自己的领导。

当团队最重要目标确定以后，领导们就要处理高效执行4原则中最具挑战的环节了——为最重要目标制订引领性指标。很少有领导之前做过这样的工作，确定具有预见性和可控性的引领性指标，是一个需要多次尝试的复杂工作。

当所有团队的最重要目标和引领性指标都确定以后，每一个领导都可以清楚地看到自己团队能为总体最重要目标做出什么样的贡献。不过，这些最重要目标和引领性指标还要经过团队内部的讨论之后，才能最终确定下来，我们将在第四步做这个事情。在那个时候，你将要承受整个团队的批评建议带来的压力，因为他们在之前一直没有机会。不过这是值得的，因为只有参与了最初的规划，他们才会全力以赴地投入工作。

第三步：领导认证培训 这个环节通常需要一整天时间，领导们需要学习如何将执行力引入自己团队的工作中去。

设计记分表 领导们不但要学习如何建立有效的记分表，还要想办法促进团队成员对工作的投入。

组织最重要目标会议的技巧 领导们在第一次主持最重要目标会议之前需要学习，学习如何调动参会人员对工作目标的责任感和使命感。有些领导会在第一次组织会议的时候显得非常为难，所以我们要通过和其他领导一起模拟会议来练习。

引入会议准备 领导认证培训最重要也是最后的一步，是准备将高效执行4原则引入团队的会议。引入会议的成功，将为实现最重要目标奠定基础。

领导们现在要尝试帮助他的团队从更高层次理解高效执行4原则了。他们首先通过教学视频、指导书、幻灯片等方式进行相互练习，另外，他们还要学习如何与人们沟通组织的整体最重要目标，以及团队最重要目标和引领性指标的草图，然后再从团队成员那里获得有益的反馈并加以修正。

当第三步完成之后，这些领导们已经通过了认证培训，可以将高效执行4原则引入他们自己的团队了——这种认证培训也标志着领导之间会议的结束。

第四步：团队引入 领导们组织召开会议，向本团队引入高效执行4原则，通常需要两个小时左右。为大家介绍高效执行4原则，大约需要45分钟时间，然后就要向大家介绍组织的整体最重要目标，团队的最重要目标和引领性指标草图。团队成员随后回应和反馈，大家一起最终确定团队的最重要目标和各项指标。

在这次会议上，他们还要设计团队记分表，为团队成员分配责任。会议中还要包含一次模拟的最重要目标会议练习，从而为下周开始的例会做好准备。此外，在这次会议上，还要明确原则纪律。在迈向团队最重要目标的奋斗过程中，大家都要遵守这些纪律。像康卡斯特公司的黎安所说的一样，对于没有经验或者有抵触情绪的团队，事先参加或列席其他有经验团队的会议也是很有帮助的，那些有经验的领导可以就组织会议的技巧回答他们的一些问题。

第五步：指导实践　第一步到第四步代表了引入高效执行4原则的过程，虽然这些过程很重要，但毕竟只是在做准备，第五步才是真正实施的开始。

现在领导们和他们的团队要开始每周的行动了，为了达到他们的引领性指标和最重要目标，这些行动需要所有人员高度的责任感。随着一周又一周的工作开展，整个团队越来越投入到这个目标当中，人们的工作能力也越来越成熟，每周都能制订出有效的工作计划并在下周完成。随着引领性指标的前进，人们会发现在大家的共同关注和努力下，那些滞后性指标也开始攀升，这让他们看到了胜利的曙光。

第六步：季度总结　季度总结是这样一次会议，各团队负责人向他们的上级领导汇报各自团队的工作进展和成绩。参加第一次季度总结大会的领导级别越高，人们就越有做出成绩的紧迫感，这将有助于人们高度重视实现团队最重要目标的工作。

对于很多人来说，这可能是他们第一次和高级领导直接交流。由于这个宝贵的机会，他们得以汇报自己的想法，陈述自己怎样为组织的总体目标做出贡献，同时也将得到高级领导对他们贡献的认可。如亚历克·科文顿在纳什芬奇公司观察到的一样，这样做和只是简单接受自己都搞不明白的上级指示来开展工作，效果是完全不一样的。

高效执行4原则在中国

4DX in China

作者　綦文田

綦文田，富兰克林柯维中国区代理睿仕管理顾问公司顾问，高效执行4原则实践者。拥有15年企业一线实践及高管经验，6年领导力顾问咨询与培训经验，服务客户包括联想、中国移动、施耐德电气、爱立信、西门子、惠普、拜尔、壳牌等。为企业提供标准化和定制化的领导力解决方案，专注于高效执行4原则在中国区的实践应用，以助寻求企业卓越的组织领导者一臂之力。

2009年一个冬日的早上，阳光灿烂。如往常一样，我在公司楼下的一家连锁咖啡馆点了一杯单份意式浓缩咖啡加一杯热水，准备开始一天的工作。在将咖啡放在桌上时，我不小心将刚取的咖啡打翻导致大半杯咖啡洒在桌上，无奈再去柜台重新点咖啡。刚才服务我的店员得知情况后免费给我出了一杯相同的咖啡，还立即把我的桌子打扫干净。这一切发生得迅速而自然，我的心情也从碰洒咖啡时的些许沮丧转而和外面的天气一样晴朗起来。这当然不是因为那杯咖啡省去我14元人民币（今年这家咖啡公司涨价，那款咖啡15元了），而是因为真心感受到的顾客服务品质。之后我成为这家连锁咖啡公司忠诚的金卡顾客，几乎每天都会光顾他们的门店。

管理者在面临执行时的核心挑战就是，如何让一线员工产生有效的行为改变。这种行为就如上面的例子，能有效提升顾客忠诚度，进而实现组织持续的卓越业绩。

《高效能人士的执行4原则》就是这样一种方法论，帮助管理者实现带领组织迈向卓越的目标。而要使大量的员工群体产生有效和持续的行为改变，首先需要的是管理者改变自己的领导行为。这套方法论在中国的实践充分说明了这一点，即如果管理者不改变自己的领导方式，期望员工改变将是徒劳的。

我在国内近5年的高效执行4原则项目中接触的客户包括电子通讯、工业电气、航运、医药、服装和零售业，客户需求从初期简单的一两天方法论培训逐步转化为企业全面推行应用的顾问项目。这一变化的主因是，中国企业当前所面临的日趋严峻的市场竞争所带来的执行挑战。高效执行4原则帮助企业领导者首先理解和掌握执行的真正定义和方法，通过管理者身体力行与一线员工达成协同，改变了以往领导设定目标，下属员工执行受阻却得不到有效支持和理解，相互脱节，最终导致目标落空的普遍现象。

高效执行4原则在中国实践的产出除了包括企业当期业绩指标（销售额、运营效率、服务质量、利润、研发质量和效率等）的达成，同时还有组织内一线员工士气和技能的显著提升，管理者领导能力的实质性改善，而后两者是组织达成未来卓越业绩的基础和保证。

中国客户持续重复购买和推行这套方法论，充分验证了它在中国市场的有效性，实现了与其“4原则”定义的名副其实。这些案例的成功都是从领导者，特别是企业的高管（总裁、副总裁、总监）开始，依照这4原则进行领导行为的改变——没有企业高管的认同与实践是绝对不会有这套方法论的实践成功的。这些改变始于原则1聚焦最重要目标（即目标设定的方式和内容），它考验了领导者的战略思维与决策能力。

专注的力量

一家零售公司的CEO通过对专注的深入理解，将起初制定的年度销售额增加15%的目标更改为——通过增加VIP客户购物单价15%和增加客流10%以提升销售额15%。这样的改变使得公司内的相应部门明确了工作重点，即开展对VIP

客户的促销和店内外广告宣传来促进销售，进而引导门店管理人员集中针对各店现有VIP的销售情况进行分析，与总部协同制定相应的运营目标，以促进其各店VIP客户的销售提升。这样就达到了整个公司战略方向的一致和共识，且最大限度实现了资源的统一调动和协调，并有效解决了部门间日常合作的重点。

管理者通常对财务数字很精通，擅长数学计算和分析，而往往简单的销售额或是利润的设定并不能指明组织的战略方向，也不具备专注性。在此，管理者需要走出传统的数字目标分解的计算，而做出勇敢的战略赌注，即什么是我们的突破点——取舍是这里的重点。

一家电子制造公司当初设定了三个目标，即大力提升产品的可管理性、设计的环保和产品设计能力的领导地位。当讨论到如何衡量这些目标时，首先出现的问题是，每个目标下都有三个以上的不同测量指标（比如设计能力的领导地位包括创新产品设计数量、团队内的专家人数、设计白皮书等指标）。这实际上是多个不同的目标，同时其衡量标准也需要仔细的界定（比如团队专家的标准是什么？白皮书的质量标准如何？），这些问题花了管理层整整一天的时间确认清楚。

有些出乎意料是吧？确实，管理者有时只是给出自觉清晰的目标，而当与团队成员核实他们的理解时却往往大相径庭。又如另一个案例中CEO决定提高新品的销售占比，而其下属人员对此目标的理解却有两种，一是认为比例计算的分母是实际销售额，而另一重理解却是采购成本额，两者计算的结果差异极大。此时CEO才发现原来大家对目标的理解有如此大的差别，经过一番讨论和解释最终确定了比例的计算方法。

目标的确定是管理者的第一要责，而对目标的准确定义以及全体员工的一致理解与认可，同时保持高度的专注性，是我当前遇到的不同类别客户中管理者的共同挑战，这也正是团队高效执行的第一步。

传统的管理通常在设定目标后就开始讨论和确定行动计划，而每个目标的行动计划少则五到十条，多则几十条，填写在电子表格里密密麻麻往往让人无从下手，理不出头绪，这也正是原则2关注引领性指标所要解决的问题。

建立具预见性的引领性指标

刚才提到的那家电子制造公司在讨论设计白皮书的引领性指标时，先是把编制写作完成计划时间表作为引领性指标，即在什么时间完成哪部分内容的撰写，同时还细致地制定了撰写人和审核人员。初看上去很合理，只要白皮书的各章节都按时间写完，比如一月到三月完成前言和第一部分两章，四月到六月完成第二部分三至六章的撰写，那么年底就可按计划完成整本书的写作。而当讨论到如何保证一月到三月的内容能按时完成时，答案却是一月份完成哪部分，二月份完成哪部分，等等。这实际上还都是滞后性指标，对目标的最终达成不具有预见性，因为当月末检查时没有完成就是没有完成，根本不知道原因，同时管理者也没有任何事前可采取的措施及手段。

一家电子产品的销售部门在面临如何达成大客户销售提升的难题时，起初陷入了同样的困局：年度的销售额分解成季度、月度的指标，而在讨论如何确保这些分解了的目标实现时大家发现，大客户销售的关键难点是高层决策者的认同和批准，进而大家决定从对大客户高管的拜访开始推进销售的提升。最后设定每周会见到目标客户C级别（CEO、COO、CFO、CHO等）的管理者数量与质量为引领性指标（每周5个销售人员实现5个合格的高管销售会谈）。根据确立的团队引领性指标，销售人员每周就达成情况与实际挑战及困难作总结沟通。三个月后大客户的销售显著提升，同时大家的信心与团队士气也相应得以提升。

另一家医药公司在探索如何提升某新药的销售时，首先研究了成功销售员的销售行为，发现销售成功的关键是，通过使用该新药的医生分享其用药经验使得目标医院的医生决定采用此新药。这一发现使得销售团队决定，通过定期的医生病例分享促进该新药的销售，相应的引领性指标订立为每两周举办十名潜在医生的分享会。在过后的两个月里该区的新药销售显著提升，最终实现了销售目标。

在总结原则2时，经常有管理人员反馈最终的引领性指标似乎缺乏创新，这并不新奇。这里的关键问题是，很多管理人员有一个强烈的习惯性思维，希望找到一个达成目标的“超级武器”或者是“神奇妙方”。现实往往是一些管理者想出的所谓奇招要么缺乏可操作性，要么就是不被一线员工所理解与认可，或者根本就不存在什么神奇的方法。症结是该做的没做，应付着做，最终失去了实际意义。在应用原则2时，管理人员应该彻底改变这种错误认知，转而明白，真正的执行效果要通过员工的认可与全心投入才能体现出来，即使有时方法看起来或许非常普通。我在这里并不否定奇思妙想的作用，关键是这种想法的出处与实现的质量，只有把握住这个关键才能真正实现员工群体有效和持续的行为改变，由此推进组织的业绩改善与员工能力的提升。

激励性记分牌的神奇作用

记得1998年我担任某公司的物流部门主管时，为了提升部门员工的工作效率，我在操作场地的墙上布置了一个大的PVC白板，上面是每天的处理商品件数与当天实际当班员工的实际工作小时数总和的比值。我安排每日当班主管更新数据，同时根据每日预计的工作量调整当班员工人数以保证工效的提升。神奇的事情是，员工们自觉每天在白板前查看数据，并及时调整班次与人数，偶尔出现工效下降的情况大家也会共同寻找原因，并在第二天进行改善与总结。这令我当时的管理工作产生了意想不到的效果，它大大减轻了我的管理工作负担，同事们都积极地自觉检查并改善工作的效率与质量。更神奇的事情是在我调离该部门后五年的一天，当我碰到该部门的主管人员时，他兴奋地告诉我现在他们部门的工效比我当时提升了将近10%，并且大家一直延续使用当初我发明的工效公示板，不同的只是已经换了好几块，并且白板的样式也比当年精致了许多。

回想当时的感受，让我印象深刻的不是他们工效提升了10%，而是当时那位主管兴奋与自豪的表情，这是我绝没有预想到的成果！也是我工作多年看到的最有成就感的表情之一。多年来这次经历时时提醒我，员工的潜能与工作激情是多么的宝贵，而管理人员的一次无意行为对释放这种热情会起到多么神奇的作用。

这就是原则3建立激励性记分表的作用。在所有的案例中，员工们都表现出对记分牌一致的热情。他们不仅设计出五花八门的样式，同时还对他们的成就表现出极高的热情，那种激动人心的场面恐怕只有当管理人员亲眼所见时才能真正相信。

记分牌的作用不仅是在日常工作中提示员工当前团队的工作状况，同时它使员工内心激发出了渴求胜利与卓越的热情，而这绝不是奖金和物质奖励所能达到的效果，因为它出自员工的亲手制作，并深深植入了他们的内心。

建立定期的责任机制

和记分牌相协调与配合的是原则4建立规律性问责制，即每周定时召集相关人员围绕记分牌总结上周承诺，分享成功失败的经验与教训，同时为下周的工作彼此帮助，清除障碍并设定新的承诺。这种工作节奏一旦形成将产生巨大的动力，并真正调动团队中每个人的智慧与努力共同推动目标的实现。

前面提到的那家电子制造公司的员工在项目总结会上分享说，执行4原则项目让他感触最深的是，公司部门的高级副总裁每周都亲自根据下属的需求进行跨部门的沟通与协调，为下属推进记分牌亲自扫清障碍，这在他多年的职业生涯中是第一次感受到公司高管如此及时与有效的支持。

这真要感谢原则4的作用，因为这样的设计使得在管理学上讨论多年的上级支持一线达成目标的理论学说得以实现。每周例会的核心不是问责，而是大家彼此承诺，特别是高管人员亲自帮助下属做出上下一致的共同努力。

那个大客户销售的团队在每周例会上也改变了以往只专注财务数据指标的做法，转而让团队成员深入探讨完成什么事项能够推动目标的实现。员工们每周都总结上周针对每条引领性指标（每周见5个C级别的目标客户高管）的尝试，分析成败的原因，相互学习与帮助。这些体验使得大家不仅每周都不同程度学到了新知识和经验，同时真正提升了团队合作水平！

团队建设这个近乎老生常谈的话题在这种每周几十分钟的定期团队会议下才真正找到了解决之道。每周针对引领性指标总结、学习、再进步的实践彻底改变了很多组织投入大量资金和精力组织员工出游、聚餐、卡拉OK等形式化的团队建设做法，真正意义上实现了团队建设的目的，因为所谓团队建设就是要在实战中打造一支真正有战斗力的队伍，离开了实际战场、脱离工作挑战内容磨合沟通的活动都只是娱乐而已。这些活动也许能有些许润滑团队关系的作用，但绝不解决团队建设问题，即需要通过实际的团队进步增进成员彼此的理解与互信，进而不断取得胜利。

之前案例中提到的那家零售公司的CEO承诺，不仅每周要召开与他的直属下级高管的例会，还要亲自定期参与一线门店管理人员的每周例会，更直接和及时了解前线工作人员的状况，提供支持与帮助。面对他坚定的表情，我感受到的是实实在在的领导力改善，在叮嘱他要坚持的同时内心也祝愿他的努力能取得像其他应用高效执行4原则的公司一样的成功。

感谢中国青年出版社的工作人员将此书的中文译本在英文原版面市后及时呈现给中国读者！同时衷心祝愿所有阅读此书并应用该执行4原则的组织在中国日益激烈的市场竞争中取得不断的成功！

高效执行4原则常见问题解答

4DX Frequently Asked Questions

以下是人们在实施高效执行4原则过程中最常见问题的答案，我们根据以下几个主题对这些问题进行了分类。

- 怎样引入高效执行4原则；
- 怎样坚持使用高效执行4原则；
- 实施高效执行4原则的注意事项。

我们还将回答那些有关如何将高效执行4原则应用于某个特定团队的问题（但这些话题会令所有读者都有所收获）。

- 制造业团队
- 高科技行业和科研团队
- 销售团队
- 政府部门

怎样引入高效执行4原则

领导们在实施高效执行4原则的时候，最容易犯的错误是什么？

领导们在此过程中最容易犯下的两种主要错误是缺乏参与和缺乏耐心。

首先，领导们经常会不自觉地假定，高效执行4原则的成功，主要依靠那些参加了经理认证培训的人们。虽然那些人对于实现最重要目标的作用很重要，但他们的上级领导的积极参与也是必不可少的。

其次，所有的领导都是看重结果的，所以他们都希望尽可能得到好的成绩，但是，他们经常忽略的一个事实就是，最重要目标的实现必须依靠坚持不懈的努力和持之以恒的良好表现。如果引领性指标得到了良好的发展，相关的滞后性指标和最重要目标就一定会得到成功，总之，成功需要时间。作为领导不应该急躁，而应耐心地去不断前进。

你应该怎样对待团队里的反对者？

首先，也是最重要的，你要理解他们为什么要反对。一旦你确定了这一点，你就可以找到解决的方法。

有些反对者是因为对于那些高效执行4原则范围之外的工作表示担忧，却又无从表达，他们希望的只是倾听。更多的时候，仅仅靠倾听还不足以改变反对者的态度。他们怀疑任何改变，嘲讽任何新主意，极度自私，甚至认为高效执行4原则会很官僚主义。

如果他们继续抵制的话，你需要命令他们作为团队的一员，支持团队工作，而不能只想着自己。通常情况下，他们会去看别人运用高效执行4原则得到的结果，然后默默地（虽然经常是不情愿的）加入集体的队伍当中。

每周施行高效执行4原则的最常见问题是什么？你应该怎样处理？

一个团队通常会遇到这三个问题即挑战：坚持在引领性指标上有所表现，保持更新记分表，定期组织最重要目标会议。

第一，团队成员必须在心理上把滞后性指标和引领性指标分开来，这就是说他们必须先聚焦于引领性指标，取得成功之后再去看他们的滞后性指标。这就像每天去健身房一样，你必须先耐心锻炼一段时间之后，才能看得到锻炼的效果。

第二，团队成员可能会觉得频繁更新记分表是一件不必要的工作，但是除非记分表经常被更新，否则谁也不知道成绩如何，也无法看到引领性指标是否有效带动了滞后性指标。此外，如果看不到团队工作产生的结果，最重要目标会议的效力也会大大削弱。

第三，最重要目标会议被推迟甚至取消，团队对其兴趣也开始降低。如果不按规律定期召开最重要目标会议的话，人们就难以持久保持聚焦，然后逐渐失去对自己工作计划的责任感。

我们已经见过很多类似的工作方法，一个个都夸夸其谈。你们打算如何打消我们的质疑，让我们真正相信高效执行4原则有用呢?

许多组织都在反复遭受这样的折磨，经常把最流行的工作方法引进来，却又很快忘掉它们。领导们不断地去试图寻找灵丹妙药，然后又不断受到大家当面背后的冷嘲热讽。在一个充满怀疑和不信任的环境下实施高效执行4原则，最开始可以只选择一个重要的目标，这个目标将会影响到员工和他们工作的质量，进而改变他们的日常工作生活。

然后，设置一个雄心勃勃的关键目标，特别用心地设计记分表，并坚持更新。每周按时组织最重要目标会议，向大家证明，他们真的可以达到一个前所未有的成功水平。

努力坚持聚焦于这个过程，去争取快速的成功。一旦整个团队认定他们可以通过高效执行4原则来得到更好的结果，你们就可以在将来按照这个方法去赢得一个又一个目标。

如果我掌管的是一个类似人事、财务或者技术支持这样的后台服务部门，我应该怎样选择自己的最重要目标呢?

根据我们的经验，在一个组织的一线部门，比如销售、生产、运营部门选定了他们的最重要目标之后，其他的后台服务部门再选择自己的最重要目标就相对容易多了。如果一线部门对自己的最重要目标很明确的话，后台服务部门可以选择那些可以帮助达成一线部门目标的最重要目标。

我们怎样才能保证最重要目标会议的决议和精神能够不受组织内部的种种阻碍，顺利传达到生产一线呢？

解决这个问题的一个好办法就是重复。如果组织领导和他们的内部指导经常问周围人这样的问题，即“我们的最重要目标是什么”或者“你关注的引领性指标是什么”，类似的话语就会迅速在组织内部传播开来，人们在相互之间不断地问这样的问题，最终大家就都清楚答案了。

如果一个团队的成员很少同时在同一地点工作，而且各自的日常事务都很繁重的话，应该怎样组织他们的最重要目标会议？

记住，参加最重要目标会议每周只需要花费每个成员二三十分钟时间，具体和某一个人有关的时间，不会超过五到七分钟，所以，它并不需要花费人们很多时间。

你可以在其他会议前后召开最重要目标会议，或者在可参会人数最多的时候组织召开，然后在会后单独和那些没能参加会议的人们进行交流。

在全面实施高效执行4原则的时候，遇到有抵制心态的经理应该怎么办？

解决这个问题最好的资源是领导，他们可以帮助高效执行4原则的组织内部指导扫清道路。在大多数情况下，只要高层领导和相应的经理进行一个单独会谈，就可以解决这个问题。

要求所有的经理在汇报他们实施高效执行4原则的工作进展时，要包括以下几点内容。

- 本周的滞后性指标结果；
- 本周的引领性指标结果；
- 最重要目标会议组织与否，到会率是多少；
- 团队成员完成周计划的比例；
- 个人完成本周计划的情况；
- 个人下周工作计划。

当不情愿接受高效执行4原则的经理也不得不接受这些结果的问责，同时又会听到其他经理都在汇报各自的成就，他们一定会受到刺激，积极用行动回应的。

怎样坚持使用高效执行4原则

何种形式的表扬或认可才能始终维持团队成员高度的事业心？

效果最好的赞赏方式有以下几种。

- **公开赞扬某个人的表现** 每一个人都希望因自己的成绩得到赞赏，尤其是在自己同事面前的赞赏，像每周最佳领导、每周最佳表现员工这样的荣誉是很受用的。只要确保这样的赞扬行为是公平而且持续的，就一定能取得成功。
- **公开赞扬某个团队的表现** 每周或者每个月对表现最好的团队进行表彰，也能有效带动人们行为习惯的转变。
- **高调宣扬高效执行4原则实施中的关键事件** 对一次实施的开始，或者一个最好的记分表、一次最成功的最重要目标会议进行高调宣扬，将有助于人们固化那些能够驱动结果产生的行为习惯。
- **有意义的庆祝** 如我们在前文中所说的一样，花些时间去庆祝团队取得的成绩，对于维持团队士气非常重要。这些庆祝只需要领导讲几句话，给大家发些冰淇淋或者比萨之类的食品，但产生的效果将远远不止于此。

作为一个高级领导，为了坚持高效执行4原则，我所能做的最有用的事情是什么？

一个高级领导可以做的最有贡献的事情就是坚持关注最重要目标，并且抵御住一个又一个新想法的诱惑。要时刻牢记，人们能想出来的事情总是会超出他们的能力范围，而作为高管你的关注点，就会发展成整个组织的聚焦点。

其次，确保是你自己在定义并控制这个工作，随着时间的推移，你就会发现你的一言一行都会对你领导的团队产生巨大的影响。

最后，按照本书的建议，公开表扬那些工作出色的团队和个人。

我们已经在最重要目标上取得了飞速进展。现在看来，我们很有可能会超过原来的目标。在这种情况下，我们是否应该提高目标标准呢？

首先，恭喜你们！任何团队在感觉快要达到或超过目标时，都会感到非常激动。

在这种情况下，许多领导的第一反应就是要提高目标标准。虽说这种想法的动机是好的，领导也是为了让团队达到更好的工作表现，但是这样做可能会搅乱整个团队的节奏。除非这个目标调整处理得非常小心得当，否则大家会感觉丧失了取得成功的意义，对更高标准的新目标也毫无兴趣。这时候再去调动团队的工作激情，甚至比最开始实施高效执行4原则的时候还要难。

下面是三种最常见的场景及其应对方法。

- **目标定的标准过低，已经或者快要超过它了。**在这种情况下，一个领导的正确做法应该是，首先庆祝整个团队的成功表现，然后勇敢承担起目标制定不当的责任。如果可能的话，可以和大家一起讨论制定一个新目标，既要有挑战性，也要切合实际。

- **目标制定得很恰当，但是团队的工作表现出乎意料，提前达到了目标。**在这种情况下，领导要高调恭喜团队的出色表现，宣布组织的最重要目标成功实现了，并给予他们相应的奖励和荣誉。然后，再为下一阶段制定新的最重要目标。如果你不给团队庆祝胜利的话，人们就会有这样的感觉，自己像是在赛跑，但是终点线也在跑，而且跑得比自己还快，然后就会士气大减。所以要先庆祝原计划目标的胜利实现，再去开始对新的最重要目标的努力。

实施高效执行4原则的注意事项

怎样才能知道应该在什么时候改变引领性指标？

过于频繁地改变引领性指标是很危险的。如果领导性子太急，对于引领性指标积累的冲劲就会被耗尽，团队总是一再开始新的努力，却不知道只要多给些时间，原来的指标往往也可以带来很大的效益。

在放弃一个引领性指标之前，需要考虑以下几个重要问题。

- 这个引领性指标可以带动滞后性指标吗？如果可以的话，不要轻易抛弃有用的指标。
- 被带动的滞后性指标提升明显吗？
- 关于引领性指标的记分表是否准确？
- 团队是否曾经连续三个月每周达到这个引领性指标的标准？根据我们的经验，这是一个团队养成习惯的最短时间了。如果时间不够的话，他们就不能完全了解在这个指标上的持续表现可以带来什么样的结果。
- 如果我们把这个引领性指标从记分表上拿走的话，团队的工作表现是否能够保持现状？如果不能的话，只要这个引领性指标对达成最重要目标有用，就最好继续留着它，直到时间足够长，大家把它当作习惯为止。

如果引领性指标得以推动，而滞后性指标不为所动呢？

这种情况并不罕见，尤其是对于那些首次使用高效执行4原则的团队，这里有三种可能的解释。

- 通常情况下，它只是需要时间。
- 团队可能没有坚持不懈地在引领性指标上努力。只要人们把所有的精力都投入到新的引领性指标之后，他们肯定就会有意无意推动滞后性指标。所以，首先要确保你们指标数据是正确的，然后就是人们要真正积极工作，而不只是在你的面前装装样子。
- 引领性指标对滞后性指标没有预见性。最后再考虑这个解释，虽然很多人常常一下子就想到这一点。如果你们的引领性指标确实不能有效推动滞后性指标的话，那就应该重新审视制订指标时的情况假设了。

怎样鉴别一个引领性指标是不是一个好指标？

第一，一项好的引领性指标必须要有预见性。第二，我们要有恰当的行动节奏。我们在引领性指标上的行动充分吗？是否指标本身是正确的，但我们需要去做更多（或更少）？一周拜访三个客户是否最恰当？还是应该一周拜访四个？这些问题的答案必须要通过实际测试才能得到。

多年来，各大制药公司投入了庞大的销售力量，因为他们认为经常走访医生，可以促使医生在为患者开处方的时候，多使用他们的产品。但是医生们很快就厌倦了这些频繁打扰自己的推销员，许多医生禁止医药代表进入自己的办公室。在这件事上，他们的行动节奏就完全错误了。

第三，我们希望一个好的引领性指标可以激发出人们的最佳工作表现，我们是否把最好和最优的努力投入到引领性指标上了？

第四，一些制药公司最终找到那些被他们打扰的医生们，问他们如何才能给他们带来帮助。医生们回答说："帮助我们了解你们产品背后的科学原理。"结果，制药行业引入了一套全新的销售模式。现在的许多药品推销人员都由专业的研究人员担任，在进行科研的同时普及相关产品的知识，而不再是简单的推销，这个行业取得销售成功的引领性指标已经发生了根本性变化。

只要你们的引领性指标对滞后性指标是具有预见性的，而且得到了保质保量的完成，那么你们的引领性指标就是非常好的，而且必然会带来最重要目标的推进。

我无法确定我们制订的周计划是否理想，你能告诉我怎样才能制订出好的周计划吗？

高品质的周计划有三个特点。

- **具体** 不要制订类似"我打算要增加销售额"这样的周计划，相反，要更加具体才好，比如说"我要去培训三名员工，教他们如何正确推销我们的优质葡萄酒"。

- **瞄准** 确保每一个周计划都是瞄准最重要目标的，不要接受对于日常工作的周计划。在每周的最重要目标会议上，每个团队成员都要回答以下问题："我这周能做什么事情，可以对我们的最重要目标产生最大影响？"这个问题应该能够不断产生新的、更好的答案，并时时与团队工作任务的变化相匹配。
- **及时** 确保你们制订的周计划是可以在未来一周内完成的。当心时间跨越多个周的工作计划，对那些"我在进步"的回答要保持警惕。

当领导者休假的时候，我们应该怎样做？应该取消最重要目标会议吗？

不！坚持和问责，是保证一个团队工作效率的最大动力。如果最重要目标会议的节奏被扰乱，团队的发展势头就会被打断。即使领导者暂时休假，整个团队也要继续正常运转下去。

在领导者离开之前，可以参考这样的做法。

1. 选择临时领导 可以选择团队的一位主管或者高级成员代理领导职务，有的团队还会让大家每周轮流负责管理。

2. 为你不在的时间做好准备 花时间和团队沟通，和他们一起回顾你们最重要目标会议的时间安排，并向他们明确按时开会的重要性。

3. 回来后听取总结汇报 在你回来之后，尽快查看代理领导者的会议记录。当然，也要记得在第一时间向他们表示感谢和祝贺，感谢他们承担了如此重要的责任。

制造业团队

高效执行4原则可以被用来支持精益生产和六西格玛法等吗？

是的！世界上最大的地毯制造商，他们采用了我们为他们量身打造的高效执行4原则，来管理某些绿色和黑色地毯生产团队，最终这些团队将他们的工作项目完成时间缩短了接近50%。

他们发现，项目的延误主要是因为部分员工受扰于日常事务，对项目投入不足造成的。最开始他们在黑色地毯项目中引入了六西格玛工作法，但是效果不佳，整个项目都陷入了停顿。后来，他们使用高效执行4原则来配合原来的六西格玛法，使用明显的记分表，坚持每周召开雄心勃勃的最重要目标会议，最终不光项目完成时间缩短近一半，团队成员也从成功中得到了乐趣。

高科技行业和科研团队

对于如何利用高效执行4原则领导一个技术团队，其成员大都是技术高超的人（通常说来是怀疑主义者），**有何经验教训或者注意事项？**

很多技术人员是在整个组织计划的压力下进行工作，他们喜欢迎接挑战，不断分析问题，创造性地解决问题，并以此为基础建立自己的职业生涯。

如果你认为在他们身上使用高效执行4原则，他们会漠不关心，那就大错特错了。和大多数群体不同，他们往往会在原则1上花费更多的时间和精力。虽然只是设定一个目标和标准，但是如何将这个标准规划得恰到好处，却常常令他们感到沮丧，因为他们总是可以看到所有可能出错的事情。如果我们在这一点上下功夫，给他们足够的时间，并不断提醒他们从大局出发寻找最重要目标和指标，他们最终会能顺利通过这一关的。

一旦他们通过了原则1的难关，之后就容易多了，原则2和原则3正是他们所擅长的。这感觉就像是玩魔方一样，正好是他们的特长。

什么样的引领性指标可以给这些类型的团队带来最好的结果？

我们已经找到了一些非常强大的引领性指标，适用于研发创意团队。例如：

- 在研发早期加强互动和沟通；
- 与他人分享知识；
- 中期检查；
- 与大股东进行讨论，评估需求变化和当下的发展。

销售团队

如何使用高效执行4原则帮助我们执行新的销售流程？

高效执行4原则对于帮助人们采用一种新的销售流程是非常有效的，因为它促使人们专注这个流程中最具杠杆作用的几个重要环节，并在开始关注其他环节之前，将这些环节的做法固化为人们的行为习惯。

大多数专业人士对新销售流程的第一印象不佳，甚至认为自己永远不会适应这种新流程。只要第一次不好使，他们就想放弃这种新流程，并回到那些他们认为好使的工作方法上去。造成这种问题的原因是，他们总是试图一口吃成个胖子。而高效执行4原则，不仅是一种培训和问责的载体，也可以帮助销售人员学着去“细嚼慢咽”。

应该如何让销售团队制订周计划？

除非这个销售团队是一直被认真问责的，不然那些表现平庸的销售人员永远不会主动去努力工作。销售人员特别需要高效执行4原则中的管理架构，因为这可以让他们去交流怎样工作才真正有用，在这个每个人都认为自己的做法是最好的行业里，这一点很重要。

许多销售团队都已经有某种形式的指标了，还需要重新制订引领性指标吗？

销售经理们往往喜欢关注那些可以给他们带来更好效益预期的指标，但这些指标通常都不是销售队伍所能控制的。一个没有可控性的指标，即使非常有预见性，也无法给销售团队提供有力的杠杆作用。

在所有人当中，销售经理是最关注滞后性指标的人群，他们关心的都是季度销售额、每周订单数量、年度收益等。太多的时候，他们的管理方法就是简单地给下属打电话，提出销售数字要求。因此，在所有人当中，他们才是最需要引领性指标的。有了合适的引领性指标，销售经理们才能真正有所作为，才可以去指导、培训、监督人们去做那些可以带来成功结果的行为。

政府部门

面对来自外部利益相关者四面八方的影响，政府部门组织应该怎样制定自己的最重要目标？

政府运作似乎并不总是以最大限度地提高结果为目标的，政府行为总是有一种规避风险的倾向。我们的一个客户最近说：“我们的政府机构被设计得很难进行改革。”很多情况下，各种检查和制衡，使得在政府部门中设定最重要目标看起来几乎是不可能的。可能有慷慨激昂的领导者会在演讲中发表高瞻远瞩的战略计划，但要在雇员重新开始面对他们的日常工作之后，继续维持他们对这些战略计划的行动热情是很困难的。

公共服务部门的领导必须花费更多的时间，来赢得所有利益相关者，尤其是雇员对组织最重要目标的支持。让雇员参与制定最重要目标，如果建议被采纳的话，将有助于把他们的心理同最重要目标联系起来。在听取了雇员对领导意图的意见建议之后，就要与部门的服务对象分享这些内容。这样大胆的做法确实会有风险，但是也会带来更大的好处，而且，这样的做法是可以造就奇迹的，就像我们看到沃克在乔治亚州的故事一样。

把高效执行4原则带回家

Bringing It Home

改变确实是一件困难的事情。

如果你曾经试图去减肥，或者是改善你的婚姻，或者是戒烟、戒酒，或者是开始一段新关系，培养一种新兴趣，或者是结束你八年以来疲沓的工作状态，你就知道要做到这些事情有多难了。

在本节中，我们想要简要地展示一下，这些增强团队执行力的原则同样可以用来帮助人们改善生活状态，或者实现个人和家庭的某些重要目标。

这样的事情时有发生。人们在参加完最重要目标会议，环顾四周确定没有其他人在偷听之后，凑到我的耳边悄悄说："你觉得高效执行4原则对我的个人生活会有帮助吗？"

我们的答案是——这个可以有！尽管我们的目的并非是要寻找实现个人目标的更好手段，但我们发现高效执行4原则真的是个好方法，它几乎可以用来实现任何种类的目标，不论是工作目标还是生活目标。不必感到惊讶，聚焦原则、杠杆作用原则，士气和责任感，它们相辅相成，构成了一个强大的体系，可以在任何层次上发挥作用，从组织到团队，从团队到个人。

以我们的一个同事，杰弗瑞·唐斯为例，在帮助很多组织实施了高效执行4原则之后，他把看到的经验与他的妻子洁米分享。根据妻子的意愿，杰弗瑞决定在一件非常私人的事情上运用高效执行4原则。

……

当我的丈夫杰弗瑞把高效执行4原则介绍给我的时候，我就看出来这些原则是可以运用到生活当中的。我的生活已经很复杂了，当时我正在孕育我们第七个孩子，工作也停止了。为了能保持体型，我必须做些事情才行。

确定一个最重要目标花费了我不少思绪和精力，尽管现在看来它是那么简单。我决定，我的最重要目标是——在10月9日之前，体重增加不超过36磅。

要达到我的目标，人们普遍采用的办法就是节制饮食和增加运动。我们家的食谱向来很健康，我也不打算去做太多更改，所以选择另一种途径，那就是做运动。我选择的引领性指标则是，每天步行一万步。没错，我的生活中有很多事情需要关注。我有六个孩子需要照顾，丈夫几乎有一半时间都在出差，但这就是我的引领性指标，我认为这样做虽然有挑战，却可以实现我的最重要目标。

接下来9个月里发生的事情就非常有意义了，我不再天天盯着自己的体重，而只是在每次停车的时候把车停在停车场最里边，每天走路接送孩子上学，或者每天早起床一会儿，和丈夫或朋友一起散步。只要有步行的机会，我就会积极加以利用。

设计一个貌似简单的记分表比我开始想的要难得多。最开始，我试着去把每一步进展画下来，但是不好使，然后，我又尝试去使用电子表格，却又很难坚持下来。我最后保留的做法是，在浴室里挂了一张记分表，上边有四列内容，分别是——日期、当天需要走的步数、当天实际走的步数、累计总步数。只要轻轻一瞥，我就马上可以知道自己走了多少，应该走多少，走多了还是走少了。

我的记分表关键不在于我走了多少，而是我应该走多少，这是这个记分表和我之前做过表格的最大区别所在。在过去，我只记录自己做了多少，现在我则将它和应该做多少进行对比记录，这或许就是成功的诀窍吧。

而且，整个家庭都参与到了这个比赛当中，我的孩子们会问我今天走完一万步没有，我的姐姐会在我疲惫的时候和我一起散步。我的丈夫是我最可靠的合作伙伴，同时也负责对我问责，我们会一起完成记分表上的内容，我还会做出下周的步行锻炼计划给他。

在和我的丈夫谈起高效执行4原则的时候，他经常会提起一些随之而来的好处，但是我在之前从未意识到这会在我的生活中发生。最后，我达到了自己的最重要目标，体重增加没有超过36磅。在整个过程中，我累计走了1,751,250步。更重要的是，我的家庭关系进一步得到了密切，并在10月4日顺利生下一个健康的宝宝。

……

当你读到这个感人的故事的时候，我们希望你能够和我们一样抓住几个关键点。

首先，洁米很明智地只选择了一个引领性指标。为了达到她控制体重的最重要目标，她本来有节制饮食和运动两个方法可选，但是因为她的食谱已经很健康了，再关注这一点就没必要了。在这种情况下，为什么还要跟踪饮食？这只会增加执行的难度。相反，她选择集中精力关注一种新的行为，她认为这样更有效，那就是每天走一万步。这是很好的一个案例，在某些情况下，最好的事情就是只关注一件可以产生最大效果的事情，而不是眉毛胡子一把抓。

其次，她的记分表最关键组成是应该达到的状态那一列。不论何时，如果你不知道自己应该达到什么状态了，那就很难搞清楚自己做得到底是好是坏。随时把自己的现状和此时应该达到的状态联系在一起，是激励性记分表的一个重要特征。就像洁米的体会一样，设计一个合适的记分表，既有激励作用又易于更新，并不容易。在我们实施高效执行4原则的经验里，在这一关被卡住的人是最多的，他们想出了一个很好的最重要目标，制订了一两个有用的引领性指标，但在随后却没有花费足够的心思去设计一个记分表。结果全盘皆输。不要让这样的疏忽发生在你身上。

最后，公众问责的力量是巨大的。洁米的丈夫显然是她使用高效执行4原则的合作伙伴，但是她的孩子们也多多少少地参与进来。不论何时你设定了一个个人目标，只要把其他人拉进来并让他们监督你的行为，你成功的几率就会大大提高。

我们的一个客户也讲述了一则十分令人感动的身边故事，他五岁的儿子长期克服不了尿床的毛病，全家人试了很多方法都没有见效，他会在半夜醒来，又不去厕所。

这位客户说："在参加了高效执行4原则的培训之后，我得到了一些启发。当天晚饭的时候，我和儿子一起讨论怎样才能不让他的床单湿掉。我们制作了一个日历表，记录每天的情况，准备坚持一个月。我们把这个日历表贴在冰箱上，这样他的妈妈和兄弟们都可以看到每天的结果。

"每天早上我儿子起床去吃饭的时候，都会汇报他的床单是湿的还是干的。我们根据他前一晚的表现，在日历表上画绿色的笑脸或者红色的囧脸。为他第一次画上笑脸那一天，我们全家一起为此庆祝聚餐，给他做了好多好吃的。之后每一次他得到连续一周的笑脸，我们就带他去吃冰淇淋。一个月之后，他终于可以安稳地睡一个晚上不尿床了。

"这看起来很简单，但事实上我儿子是建立了一个记分表，他要在每天早上向全家汇报情况，这是一种定期的问责，使得他很认真地对待这件事。"

当然，高效执行4原则并不仅仅可以用来缓解问题，它们也可以帮助你实现宏伟的远大目标。

我们的一个同事每年年初为自己制定三个最重要目标，一个事业目标，一个家庭目标，以及一个个人目标。他认真确定自己的引领性指标，坚持跟踪记分表，并且每周专门抽出30分钟时间来回顾上周的进展，同时为下一周制订计划。通过这种方式，他很好地平衡了三个目标之间的关系，最后将它们全部实现。

我们见过人们使用高效执行4原则来实现各种各样的人生目标，跑一次马拉松，完成一个学位，学习一项运动，甚至协调两个家庭之间的关系，等等。有些这样的最重要目标甚至会是非常私人的事情。

在我们的生活里，很多重要的事情没有得到应有的重视，因为它们不够紧迫。关心我们的身体健康，爱护我们的孩子，获得更多的教育，巩固我们的婚姻，这些事情在日常琐事的冲击下，似乎要退居二线，但是我们有必要给予它们足够的重视。

根据全球医学论坛的创建者雷利维博士的研究，人们80%的健康问题是由五种不良习惯导致的，它们是抽烟、酗酒、暴饮暴食、压力过大，以及缺乏锻炼。它们导致了人们的大部分疾病，这些危害也已经广为人知。只要注意避免这五种不良习惯，就可以大大减少我们的健康风险。

但是即使经历了致命的心脏病或者中风之后，很多人依然没有改变自己的行为习惯，这种现象已经被科学家们一再加以研究。我们似乎还缺少些什么，使得人们甚至在知道自己罹患严重的疾病，也知道自己应该改变生活方式的时候，依然不能做出改变。

我们所缺少的，是否就是一种可以改变人类行为习惯的系统方法呢？比如类似于高效执行4原则这样的系统。

高效执行4原则可以应用于个人生活吗？我们的答案是“当然能”！事实上，我们认为本书中的原则可以帮助你实现心中任何远大的理想。

结 语

现在，你已经读完了《高效能人士的执行4原则》这本书，你的大脑或许还在高速运转。如果你是普罗大众中多数派的一员，那么高效执行4原则这样的操作系统可能并不符合你的本性。对于大多数人来说，它们是有悖于按直觉做事的行事方式的。有些人会认为它很简单，也会有人认为它很复杂。

同时，我们也相信你会从高效执行4原则中得到很大的收获。事实上，我们坚信，一旦真正理解了高效执行4原则的内涵，你就再也不会按照以前的老套路当领导了。多年的跟踪案例和经验教训使我们相信，有关执行力的艺术已经浓缩在了这几条原则和这本书当中。

实际上，我们更希望你的大脑还在继续高速运转，这中间蕴涵着一切可能。

问题是，你现在应该去做什么？

我们诚挚邀请你试着做几个简单的思维测试，它们不会占用太多时间的。

原则1：聚焦最重要目标

如果你还没有实践过，现在就试着动手为你的工作团队制定一个最重要目标，同时确定出对应的滞后性指标，然后问自己这样一个问题："实现这样一个最重要目标，对我的团队有何意义？对整体组织有何意义？对我个人有何意义？"

原则2：关注引领性指标

试着为你的最重要目标找到恰当的引领性指标，问自己："这种对引领性指标的新认识，会怎样改变我们的运营系统呢？"

原则3：坚持激励性记分表

快速草拟一个包含最重要目标、滞后性指标和引领性指标的记分表，问自己："如果将我们最好的精力聚焦于推动这个积分表上的内容，会产生什么样的效益？会对我们的团队产生什么影响？会对我们的业务结果产生什么样的影响？"

原则4：建立规律问责制

假设你的团队正在面对记分表召开一次最重要目标会议，问自己："有规律地定期召开最重要目标会议，会给我们的运营管理带来什么样的改变呢？我们的聚焦能力和团队士气会有怎样的改变？"

最后……

预想一下，有一天，你向你的领导汇报完成最重要目标的成果，再想想你的团队成员向你作汇报时的情形。

现在，假设那一天没有到来，假设你忘记了从这本书中读到的全部内容，想象一下这样的情景，你的时间将一直困顿在残酷的日常事务之中，什么事情都搞得匆匆忙忙焦头烂额，可真正最重要的事情却被一拖再拖。

伟大的管理学家，现代管理学之父彼得·德鲁克就观察到这样的情况，"我发现有太多的人会以最认真的态度把那些最无关紧要的事情做得很好，他们在处理这些琐事上的表现令人叹服。”

但是你可能并不希望成为这种专门处理琐事的人，你会想要更大的成就，希望做出更有价值、更有影响力的贡献。高效执行4原则可以帮你做到这一点。

如果我们帮助你前进哪怕一点点，我们也就知足了。

但是还要记住，实现你的最重要目标并不是唯一目的。从长远看，高效执行4原则给你带来的知识和技能还会产生更多的效果——重新点燃你们团队的激情，使他们的付出和努力更加聚焦，使他们对待工作更加负责，最重要的是，帮助他们意识到自己是成功者。

在你的职业生涯中，你永远不会创造出比这更伟大的财富了。让团队每位成员感受和体验成功的喜悦，不但可以给你们的组织带来效益，还会赋予他们在工作生活中各方面都取得成功的信念和能力，不论他们是作为工人，还是父亲、母亲，又或者是公司领导，这将是一笔无法估量的财富。

LINK:http://www.franklincovey.com/Solutions/Execution

请用安卓手机或者iPhone扫描二维码

FranklinCovey
THE ULTIMATE COMPETITIVE ADVANTAGE

品 牌 故 事

三十多年前，当Stephen R. Covey和Hyrum Smith还在各自领域开展研究，以帮助个人和组织提高效能时，他们都注意到一个问题——人的因素。专研领导力发展的Stephen发现，志向远大的个人往往违背其所渴望成功所依托的根本性原则，却期望改变环境、结果或合作伙伴，而非改变自我。无独有偶，专研生产力的Hyrum发现，制订重要目标时，人们对实现目标所需的原则、专业知识、流程和工具却所知甚少。

Stephen和Hyrum都意识到，解决问题的根源在于帮助人们改变行为模式。经过多年的测试、研究和经验积累，他们同时还了解到，持续性的行为变革不仅仅需要教育，还需要个人和组织采取全新的思维方式，掌握和实践更好的全新行为模式，直至习惯养成为止。Stephen在其著作《高效能人士的七个习惯》中公布了其研究结果，该书现已成为世界上最具影响力的图书之一。在Franklin规划系统（Franklin Planning System）的基础上，Hyrum创建了一种基于结果的规划方法，该方法风靡全球，并从根本上改变了个人和组织增加生产力的方式。他们还分别创建了Covey领导力中心和FranklinQuest公司，旨在扩大其全球影响力。1997年，上述两个组织合并，由此诞生了如今的富兰克林柯维公司（FranklinCovey, NYSE: FC）。

如今，富兰克林柯维公司已成为帮助组织提升绩效的全球领导者，而提升绩效需要人类行为的持续性变革，这往往也是组织所面临的最大挑战。一旦变革成功，将成为最持久的竞争优势。对于组织而言，宣布一项战略是一回事，而重塑员工行为和组织文化以成功执行该战略却又是另外一回事。建立在Stephen和Hyrum对领导力和生产力的研究基础上，富兰克林柯维公司发挥其广博的专业性知识来帮助组织在多个关键领域实现持续性的行为变革，包括领导力、执行力、个人效能、信任、销售绩效、客户忠诚度和教育。

结果如何？我们的客户成功创建了优秀组织文化，其主要特征表现为：员工高效且善于合作；领导者高效且善于构建信任，具备卓越的执行力，能够为所有利益关系人创造显著提升的绩效。这样的文化最终演化为组织的终极竞争优势。

富兰克林柯维公司足迹遍布全球160多个国家，拥有超过2000名员工，共同致力于同一个使命：帮助世界各地的员工和组织成就卓越。本着坚定不移的原则，基于业已验证的实践基础，我们为客户提供知识、工具、方法、培训和思维领导力。富兰克林柯维公司的客户包括90%的财富100强公司、75%以上的财富500强公司，以及数千家中小型企业和诸多政府机构和教育机构。

我们的终极目标是帮助个人和组织在绩效上实现渐进型量变和变革型质变。我们在此向全球数以万计的客户表达衷心的感谢，谢谢他们给予我们机会帮助其实现伟大目标。

富兰克林柯维公司的备受赞誉的知识体系和学习经验充分体现在一系列的培训咨询产品中，并且可以根据组织和个人的需求定制。富兰克林柯维公司拥有经验丰富的顾问和讲师团队，能够将我们的产品内容和服务定制化，以满足您的语言和文化需求。

富兰克林柯维公司自1996年进入中国，目前在北京、上海、广州、深圳设有分公司。

www.franklincovey.com.cn

更多详细信息请联系我们：

北京　朝阳区光华路1号北京嘉里中心写字楼南楼24层2418&2430室
电话：（8610）8529 6928
邮箱：marketingbj@franklincoveychina.cn

上海　黄浦区淮海中路381号上海中环广场28楼2825室
电话：（8621）6391 5888
邮箱：marketingsh@franklincoveychina.cn

广州　天河区华夏路26号雅居乐中心31楼F08室
电话：（8620）8558 1860
邮箱：marketinggz@franklincoveychina.cn

深圳　福田区福华三路与金田路交汇处鼎和大厦 22 层D16室
电话：（86755）2337 3806
邮箱：marketingsz@franklincoveychina.cn

富兰克林柯维公司在中国提供的解决方案包括：

I. 领导力：

THE 7 HABITS of Highly Effective People® SIGNATURE EDITION 4.0	高效能人士的七个习惯®（标准版）	The 7 Habits of Highly Effective People®
THE 7 HABITS of Highly Effective People® FOUNDATIONS	高效能人士的七个习惯®（基础版）	The 7 Habits of Highly Effective People®: Foundations
THE 7 HABITS FOR Managers ESSENTIAL SKILLS AND TOOLS FOR LEADING TEAMS	高效能经理的七个习惯®	The 7 Habits® for Manager
THE 7 HABITS Leader Implementation COACHING YOUR TEAM TO HIGHER PERFORMANCE	领导者实践七个习惯® 辅导您的团队实现高绩效	The 7 Habits® Leader Implementation COACHING YOUR TEAM TO HIGHER PERFORMANCE
The 4 Essential Roles of LEADERSHIP™	卓越领导4大天职™	The 4 Essential Roles of LEADERSHIP™
THE 6 CRITICAL PRACTICES FOR LEADING A TEAM™	领导团队6关键™	The 6 Critical Practices For Leading A Team™
Find Out WHY™ THE KEY TO SUCCESSFUL INNOVATION	找到原因™：成功创新的关键	Find Out Why™: The Key to Successful Innovation

Building Business Acumen™	CEO希望你知道的事 ：培养商业敏感度™	What the CEO Wants You to Know: Building Business Acumen ™

II. 执行力：

The 4 Disciplines of Execution®	高效执行四原则™	The 4 Disciplines of Execution®

III. 个人效能：

THE 5 CHOICES® to extraordinary productivity	激发个人效能的五个选择™	The 5 Choices to Extraordinary Productivity®
PROJECT MANAGEMENT ESSENTIALS™ For the *Unofficial* Project Manager	项目管理精华™ ——给非职业项目经理人的项目管理书	Project Management Essentials for the Unofficial Project Manager ™
Presentation Advantage® TOOLS FOR HIGHLY EFFECTIVE COMMUNICATION	高级商务演示技巧™	Presentation Advantage®
Writing Advantage® TOOLS FOR HIGHLY EFFECTIVE COMMUNICATION	高级商务写作™	Writing Advantage®

IV. 信任：

Leading at the SPEED OF TRUST™	信任的速度™（经理版）	Leading at the Speed of Trust®
SPEED OF TRUST FOUNDATIONS	信任的速度™（基础版）	Speed of Trust®: Foundations

V. 销售绩效：

HELPING CLIENTS SUCCEED	帮助客户成功™ 填充销售管道 筛选商业机会 达成双赢交易	Helping Clients Succeed®

VI. 客户忠诚度

LEADING CUSTOMER LOYALTY™ *Engaging Your Team to Win the Heart of Every Customer*	引领客户忠诚度™	Leading Customer Loyalty™